U0670640

职业教育路桥工程类专业系列教材

# 公路工程测量实训指导书

GONGLU GONGCHENG CELIANG SHIXUN ZHIDAOSHU

主 编 **杜 亮 马 丽** / 副主编 **鲁 明** / 主 审 **韦生根**

重庆大学出版社

## 内容提要

本书是配套道路桥梁工程技术专业工程测量教材使用的辅助教材,内容包括道路工程测量各类实训项目。本书的编写以培养测量技能型人才为主线,以锻炼、提升测量职业能力为本位,以实践应用为核心,以实用、实效为原则。

本实训指导书由4个篇章组成,分别为水准仪篇、经纬仪篇、全站仪篇、专周实训篇,共包含11个随堂实训项目及1个专周实训项目,包括水准仪、经纬仪、全站仪的认识及使用,普通水准测量、四等水准测量的施测及计算,全站仪测距、面积测量、对边测量、坐标测量、放样,导线测量及道路中线测量等内容。

本书适用于道路桥梁工程技术及相关专业的教学,同时可作为相关专业技术人员的参考用书。

**图书在版编目(CIP)数据**

公路工程测量实训指导书 / 杜亮,马丽主编. -- 重
庆:重庆大学出版社,2020.4
职业教育路桥工程类专业系列教材
ISBN 978-7-5689-1634-9

Ⅰ.①公… Ⅱ.①杜… ②马… Ⅲ.①道路测量—职
业教育—教材 Ⅳ.①U412.24

中国版本图书馆 CIP 数据核字(2019)第 136784 号

**公路工程测量实训指导书**

主　编　杜　亮　马　丽
副主编　鲁　明
主　审　韦生根
策划编辑:肖乾泉

责任编辑:文　鹏　邓桂华　　　版式设计:肖乾泉
责任校对:邬小梅　　　　　　　责任印制:赵　晟

＊

重庆大学出版社出版发行
出版人:饶帮华
社址:重庆市沙坪坝区大学城西路 21 号
邮编:401331
电话:(023) 88617190　88617185(中小学)
传真:(023) 88617186　88617166
网址:http://www.cqup.com.cn
邮箱:fxk@ cqup.com.cn(营销中心)
全国新华书店经销
重庆市国丰印务有限责任公司印刷

＊

开本:787mm×1092mm　1/16　印张:8.25　字数:187千
2020 年 4 月第 1 版　　2020 年 4 月第 1 次印刷
印数:1—2 000
ISBN 978-7-5689-1634-9　定价:28.00 元

本书如有印刷、装订等质量问题,本社负责调换
**版权所有,请勿擅自翻印和用本书**
**制作各类出版物及配套用书,违者必究**

# 序

《国家职业教育改革实施方案》(国发〔2019〕4号)明确指出:职业教育与普通教育是两种不同教育类型,具有同等重要地位。为此,职业教育迎来了改革的春天,全国职业院校迅速积极改革探索,拓展人才成长通道,开展了职业教育本科层次试点,构建人才培养立交桥,深入推进高职对口招收中职学生和高职春季招生工作,开展了中职与本科"3+4"、中职对接高职"3+3"、高职与本科贯通"3+2"分段培养试点。这些试点的铺开,涉及人才培养方案制订、教学计划修订、教材建设。

本套教材是在贵州省交通运输厅课题"交通类高职专科与本科衔接(五年制)课程体系及核心教材研究与开发"的研究成果上,配合《国家职业教育改革实施方案》(国发〔2019〕4号)进行职业教育分段培养开发的一套试点教材,其目的是进一步促进专业教学改革、提高教学质量,拓展职业教育人才成长通道。《国家职业教育改革实施方案》(国发〔2019〕4号)在教材建设上也明确提出:每3年修订1次教材,其中专业教材随信息技术发展和产业升级情况及时动态更新。为此,教材组成员通过多方调研,专家论证,探索了新型职业发展道路,在技能人才培养模式下开发了特色教学资源。

本套教材突出了职业能力与工作岗位相结合的知识要点,突出了学生主体、教师引导的教学理念,建立了与公路运输专业相对应的课程内容,并在学生全面发展及可持续发展等方面增加了相应篇幅,其目标是实现学生主动学习、积极学习和兴趣学习。

在这些教材中,既有交通运输类各专业工学结合的核心课程教材,也有专业基础课程教材。无论是哪种类型的教材,在编写中都强调对教材内容的改革与创新,强调专业教材随信息技术发展和产业升级情况及时更新内容,强调教材为高素质技能型人才培养服务,强调教材的职业适应性。因为新教材的使用,必须根植于教学改革的成果之上,反过来又促进教学改革目标的实现,推进职业教育人才培养模式改革。

本套教材与传统教材相比有如下5个方面的特点:

第一,教材由原来传统知识体系改为工作过程的项目、模块结构形式;教材中的项目来源于岗位工作任务分析确定的工作项目所设计的教学项目,教材中的模块来源于完成工作项目的工作过程。

第二,教材的内容不再依据相关学科的理论知识体系,而来源于相应岗位的工作内容。教学内容的选取依据完成岗位工作任务对知识和技能的要求,建立在行业专家对相应岗位工作任务分析结果和专业教师深入行业进行岗位调研结果的基础上,注重学生实践训练、培养学生完成工作的能力。

第三,教材不再停留在对课程内容的直接描述,而是十分注重对教学过程的设计,注重学生对教学过程的参与。在教材的各个项目之前,一般都提出了该项目应该完成的工作任务。该任务可能是学习性的工作任务,也可能是真实的工作任务。

第四,教材注重技能培养的学用性,基于工作过程开发的配套课程教材更注重学习者的认知逻辑和学习效能,用浅显生动的语言描述配以丰富的图片展示,加之教材内容的组织考虑了知识、技能的相关性和逻辑性,使学习者学习轻松、运用自如。

第五,教材结构上大胆尝试和创新,把握信息技术发展和产业升级情况,引入了大量的案例、行业标准和技术规范,融入新技术、新材料、新方法,加入大量图片、动画、视频、微课等信息化资源,增加了学生学习的趣味性。

在教材的编写过程中,倾注了相关企业有关专家的大量心血和辛勤劳动,在此谨向他们表示衷心的感谢! 由于开发时间短,教学检验尚不充分,错误和不当之处再所难免,敬请专家、同行指教。

教材编写委员会
2019 年 5 月

# 前　言

本书是在习近平新时代中国特色社会主义思想指导下,落实"新工科"建设新要求,为适应路桥施工一线企业对测量从业人员在专业知识、核心技能等方面的要求,同时为满足、提升学生职业生涯发展的需求,按照路桥工程专业高职人才培养的特点编写而成的。

本书中的实训项目的设置以工程单位测量岗位需求和职业能力为依据,紧密联系生产实际,具有较强的针对性和实用性。全书内容循序渐进、由浅入深,首先介绍了水准仪、经纬仪等基本仪器的使用与测量方法,其次针对道路工程专业岗位对测量人员的要求介绍了四等水准测量及利用全站仪进行坐标测量、放样、导线测量等测量理论和实践方面的内容,最后以专周实训的形式,利用较大篇幅介绍道路工程测量中导线复测与加密控制点、中线测量、基平测量、中平测量等测量知识及内容。

在本书编写过程中,贵州交通职业技术学院路桥工程系马丽老师负责完成"水准仪篇"内容的编写,贵州交通职业技术学院路桥工程系鲁明老师负责完成"经纬仪篇"内容的编写,贵州交通职业技术学院路桥工程系杜亮老师负责完成"全站仪篇"内容的编写,贵州交通职业技术学院路桥工程系杜亮与鲁明老师共同负责完成"专周实训篇"内容的编写。

由于编者水平有限,书中难免存在错误和不足之处,恳请广大读者批评指正。

编　者
2019 年 10 月

# 目 录

水准仪篇

# 项目 1　测两点间高差

## 1.1　目的和要求

①了解水准仪的基本构造,掌握其主要部件的名称和作用。
②学会水准仪的使用(安置、整平、照准、读数)。
③能利用水准仪测量两点之间的高差。

## 1.2　仪器和工具

水准仪 1 台,水准尺 2 根,记录表格 1 份。

## 1.3　实训内容

①学习水准仪的基本构造和各主要部件的名称、作用及操作方法。
②练习水准仪安置、整平、照准、读数。
③练习利用水准仪测量两点之间的高差,记录数据到表格中并完成计算。

## 1.4　实训项目的理论基础

在公路工程测量工作中,常遇到如图 1.1 中所示的问题:因工作需要知道地面 $A$、$B$ 两点之间的高程差值 $h_{AB}$,或者地面 $A$ 点的高程 $H_A$ 为已知,地面 $B$ 点的高程 $H_B$ 为未知,需求解出 $B$ 点的高程值 $H_B$。

在实践工作中,一般采取使用水准仪测量两点间高差的方法来解决这类问题,具体工作方法如下:

将水准仪架设于 $A$、$B$ 两点之间,在 $A$、$B$ 两点上分别立水准尺。调平后的水准仪可提供一条水平视线,利用该水平视线在立于 $A$ 点的水准尺上截取读数,以 $a$ 表示,称为后视读数,再在立于 $B$ 点的水准尺上截取读数,以 $b$ 表示,称为前视读数。测量从 $A$ 点向 $B$ 点进行,则称 $A$ 点为后视点,$B$ 点为前视点。

由图1.1可知,$A$、$B$ 两点之间的高差为

$$h_{AB} = a - b \tag{1.1}$$

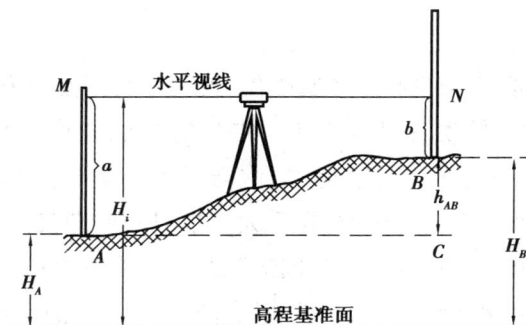

**图1.1 水准测量原理示意图**

即在水准测量中,任意两点间高差等于后视尺上的后视读数减前视尺上的前视读数。利用 $A$ 点的已知高程值 $H_A$ 和测量的高差 $h_{AB}$,可以计算得出 $B$ 点的高程为

$$H_B = H_A + h_{AB} = H_A + (a - b) \tag{1.2}$$

在图1.1中,水准仪建立的水平视线的高程称为视线高,以 $H_i$ 表示。可以通过视线高 $H_i$ 计算 $B$ 点的高程 $H_B$,即

$$\begin{aligned} H_i &= H_A + a \\ H_B &= H_i - b \end{aligned} \tag{1.3}$$

计算 $B$ 点高程可应用式(1.2)或式(1.3)完成。式(1.2)称为高差法,是利用 $h_{AB}$ 计算 $B$ 点的高程;式(1.3)称为视线高法,是利用水准仪的视线高 $H_i$ 计算 $B$ 点的高程。当只架设一次水准仪测量多个点的高程时,则用式(1.3)更方便。

需要注意的是,高差 $h_{AB}$ 的值有正负之分。$h_{AB}$ 为正值,表示未知点 $B$ 点高于已知点 $A$ 点;$h_{AB}$ 为负值,表示未知点 $B$ 点低于已知点 $A$ 点。此外,高差的正负号还与测量进行的方向有关,如在图1.1中,水准测量从 $A$ 点向 $B$ 点进行,则 $A$ 点为后视点,$B$ 点为前视点,高差以 $h_{AB}$ 表示,$h_{AB} =$ 后视读数 $a -$ 前视读数 $b$,为正值,表明 $B$ 点高于 $A$ 点;若水准测量由 $B$ 点向 $A$ 点进行,则 $B$ 点为后视点,$A$ 点为前视点,高差以 $h_{BA}$ 表示,$h_{BA} =$ 后视读数 $b -$ 前视读数 $a$,为负值,表明 $A$ 点低于 $B$ 点。说明测量高差时必须标明高差的正负号,同时要说明测量进行的方向。

## 1.5 实训项目的操作步骤

使用水准仪测量两点间高差的作业方法是:在两点之间的适当位置架设水准仪,整平仪器,利用仪器建立的水平视线在立于两点的水准尺上读取读数。自动安平水准仪的操作应按

下列步骤和方法进行：

### 1.5.1 架设水准仪

选定架设水准仪的位置，打开三脚架，使脚架架头粗略水平且高度适中，大致与观测者胸颈部位置同高度。打开仪器箱，取出水准仪，使用连接螺旋将其固定于三脚架架头。若仪器架设在松软的泥土地面，仪器可能由于自重等原因产生脚架下沉现象，需将脚架踩实在泥土中。

### 1.5.2 整平水准仪

操作仪器者立于仪器旁，任意选择两个脚螺旋，使两个脚螺旋分别位于身体左右两侧，左手转动左侧脚螺旋，同时右手转动右侧脚螺旋，控制气泡向左或向右运动直至气泡在左右方向上居中，即使气泡移动到某一位置，在该位置，气泡与圆水准器零点的连线垂直于左右侧两个脚螺旋的连线。转动脚螺旋的方向应遵循"左手大拇指"原则，即气泡移动的方向始终和左手大拇指运动的方向一致，同时还应遵循"同进同出"原则，即令两个脚螺旋同时由内向外旋转，或同时由外向内旋转。然后单独转动第3个脚螺旋，控制气泡在操作者的前后方向运动，直至其处于居中位置。

如图1.2(a)所示，圆水准器气泡位于a点。选择脚螺旋1、2控制水准器气泡在左右方向移动。若使气泡居中，在左右方向上，需使气泡向左移动，根据"左手大拇指"原则，左手大拇指需向左运动，即脚螺旋1需由内向外转动，根据"同进同出"原则，脚螺旋2同样需由内向外转动。同时转动脚螺旋1、2，使水准器气泡移动至b点后，气泡在左右方向上居中。再转动脚螺旋3，使气泡由b点向前移动至c点，则圆水准器气泡居中，如图1.2(b)所示。

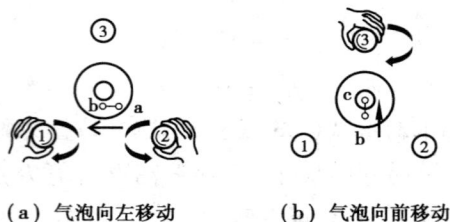

（a）气泡向左移动　　　　（b）气泡向前移动

图1.2　整平水准仪

### 1.5.3 照准水准尺

用水准仪的望远镜照准目标，应将望远镜对向较明亮处，转动目镜对光螺旋，将十字丝调节至最清晰。利用望远镜的照门和准星从外部对准水准尺，再转动望远镜物镜对光螺旋，使水准尺尺像清晰，即令尺像落到十字丝平面上。最后转动微动螺旋使十字丝竖丝照准水准尺。

当照准目标时，观测者眼睛在望远镜目镜处稍做上下移动，若发现尺像与十字丝有相对的移动，即读数有改变，这种现象称为视差。产生视差的原因是尺像没有落在十字丝平面上[图1.3(a)、(b)]。视差的存在会影响读数的精确性，必须加以消除。消除视差的方法是旋转调焦螺旋的同时仔细观察，直至十字丝分划板平面与尺像重合为止，即当观测者眼睛在望远镜目镜处上下移动,尺像和十字丝没有相对移动[图1.3(c)]。

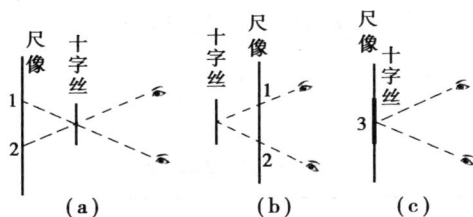

图 1.3

### 1.5.4　读数

用十字丝中间的横丝读取水准尺的读数。从尺上可直接读出米、分米和厘米数,并估读出毫米数,每个读数必须有4位数。如果某一位数是零,也必须读出并记录,不可省略,如 1.002 m、0.007 m、2.100 m 等。

## 1.6　实训项目的练习开展

以3人为一小组,将全班学生分成若干小组。每个小组领取水准仪仪器1台套,小组成员相互配合开展本项目的实训练习。

①在地面选定 $A$、$B$ 两个坚固的点。

②在 $A$、$B$ 两个点间安置水准仪,仪器至 $A$、$B$ 两个点的距离大致相等。

③竖立水准尺于点 $A$,瞄准点 $A$ 上的水准尺,精平后读数,此为后视读数 $a$,记入记录表格中。

④竖立水准尺于点 $B$,瞄准点 $B$ 上的水准尺,精平后读数,此为后视读数 $b$,记入记录表格中。

⑤计算 $A$、$B$ 两个点间的高差 $h_{AB}=a-b$。

⑥换一人重新安置仪器,进行上述观测,直至小组所有成员全部观测完毕,小组成员之间测得同样两个点间的高差差值不得超过±5 mm。

## 1.7　实训注意事项

①本项目是本课程的第一次实训项目,学生需在老师讲解后再开箱安置仪器。

②开箱后先看清仪器放置情况及箱内附件情况,用双手取出仪器并随手关箱。

③水准仪安放到三脚架后立即旋转紧连接螺栓。

④转动各螺旋时要稳、轻、慢。微动螺旋只有在制动后才能使用。

⑤测量结束后,松开连接螺栓,取下仪器立即装箱。盖箱时不可用力过猛,以免压坏仪器。不可压、坐仪器箱。

⑥水准尺不用时最好横放在地面上,不能立在墙边或斜靠在电杆或树木上,以防摔坏水

准尺。

⑦取出仪器后,应合上仪器箱,避免水气或杂物进入仪器箱。不可踩、坐仪器箱。

## 1.8 记录表格

表 1.1 测量结果记录表

| 测 站 | 点 号 | 后视读数 | 前视读数 | 高 差 |
|---|---|---|---|---|
| | A | | | |
| | B | | | |

# 项目 2  加设转点测算高程

## 2.1  目的和要求

①了解水准测量中加设转点的原因及转点的作用。
②掌握加设转点的方法及测量方法。
③掌握测量数据的正确记录方法及计算。

## 2.2  仪器和工具

水准仪 1 台,水准尺 2 根,尺垫 2 个,记录表格 1 份。

## 2.3  实训内容

①学习加设转点的方法及测量方法。
②学习测量数据的正确记录方法及计算。

## 2.4  实训项目的理论基础

在测量地面 $A$、$B$ 两点的高差时,常遇到两点间高差较大或距离较远的情况,仅架设一次仪器无法测量出两点间的高差。此时可在 $A$、$B$ 两点间加设若干个临时点,放置水准尺,这些临时的立尺点称为转点(以字母 ZD 表示)。在各个转点的水准尺上,既要读取前视读数,还要读取后视读数。转点的作用是在水准测量中传递高程。在 $A$、$B$ 两点间连续架设水准仪,测量出各相邻点间的高差,最后取各高差的代数和,可计算出 $A$、$B$ 两点间的高差。

如图 2.1 所示,已知 $A$ 点高程 $H_A = 50.118$ m,欲求得 $B$ 点高程 $H_B$。

测量步骤如下:

①在 $A$ 点前方适当的位置(根据水准测量的等级及现场地形情况而定)选定一个转

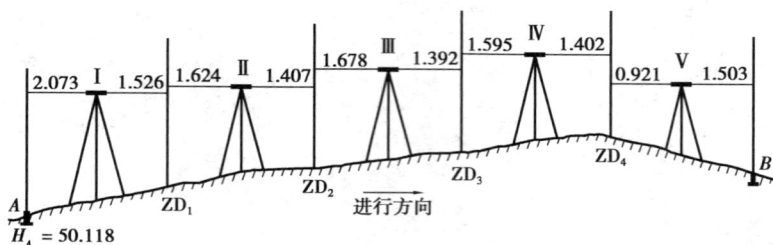

图 2.1　加设转点测算高程示意图

点 $ZD_1$。

②在 $A$ 点立水准尺,为后视尺,同时在 $ZD_1$ 上立水准尺,为前视尺。观测者在 $A$ 点和 $ZD_1$ 点之间选一处与 $A$ 点、$ZD_1$ 点约等距离的位置(图 2.1 中 I 点)架设水准仪。

③整平仪器后,观测者先照准起始点 $A$ 上的水准尺,读取 $A$ 点的后视读数 $a_1 = 2.073$,再照准 $ZD_1$ 上的水准尺,读取前视读数 $b_1 = 1.527$。记录员在观测者读数时应立刻将数据记入手簿,记录时复诵读数,以便观测者校核,防止听错记错。

④确认记录读数正确无误后,记录员计算 $A$ 点和 $ZD_1$ 点间的高差 $h_1 = a_1 - b_1 = 2.073$ m $-$ $1.527$ m $= 0.546$ m,至此,一个测站的工作完成。

⑤完成第一个测站的测量后,注意此时在 $ZD_1$ 处的水准尺不动,仅把尺面翻转,立尺者扶尺面向测量前进方向。在 $ZD_1$ 前方适当位置处选定第二个转点 $ZD_2$,将位于 $A$ 点的水准尺向前转移,置于 $ZD_2$,将水准仪架设于与 $ZD_1$、$ZD_2$ 大约等距的 II 点处,按在第 I 站同样的步骤和方法读取后视读数和前视读数,并计算出高差。完成第二个测站的工作。

⑥重复上述测量步骤直至测至 $B$ 点。

⑦设每一个测站的高差为 $h_i$,则有

$$h_1 = a_1 - b_1$$
$$h_2 = a_2 - b_2$$
$$h_3 = a_3 - b_3$$
$$\vdots$$
$$h_n = a_n - b_n$$

由图 2.1 可知,将每个测站测得的高差相加,即可得到 $A$、$B$ 两点间的高差为

$$h_{AB} = h_1 + h_2 + h_3 + \cdots + h_n = \sum h_i = \sum a_i - \sum b_i$$

则 $B$ 点高程 $H_B = H_A + h_{AB} = H_A + \left( \sum a_i - \sum b_i \right)$。

## 2.5　实训项目的练习开展

以 3 人为一小组,将全班学生分成若干小组。每个小组领取水准仪仪器 1 台套,小组成员相互配合开展本项目的实训练习。

①在地面选定 $A$、$B$ 两个坚固的点,两点之间距离约 200 m。

②在 $A$、$B$ 两个点间的适当位置选取一地面点作为 $ZD_1$,在 $A$ 点和 $ZD_1$ 点间的适当位置安置水准仪,仪器至 $A$、$ZD_1$ 两个点的距离大致相等。

③在 $A$ 点立水准尺,为后视尺,同时在 $ZD_1$ 上立水准尺,为前视尺。观测者整平仪器后,先照准起始点 $A$ 上的水准尺,读取 $A$ 点的后视读数 $a_1$,再照准 $ZD_1$ 上的水准尺,读取 $ZD_1$ 点的前视读数 $b_1$。记录员在观测者读数时应立刻将数据记入表格,记录时复诵读数,以便观测者校核,防止听错记错。

④确认记录读数正确无误后,记录员计算 $A$ 点和 $ZD_1$ 点之间的高差 $h_1 = a_1 - b_1$,填入表格中。至此,一个测站的工作完成。

⑤完成第一个测站的测量后,在 $ZD_1$ 处的立尺员将尺面翻转,立尺者转向,扶尺面向测量前进方向。在 $ZD_1$ 前方适当位置处选定第二个转点 $ZD_2$,第一个测站中位于 $A$ 点立尺员持水准尺向前转移,将水准尺置于 $ZD_2$,观测者将水准仪架设于与 $ZD_1$、$ZD_2$ 大约等距的位置,按在第 I 站同样的步骤和方法读取后视读数和前视读数,并计算出 $ZD$ 与 $ZD_2$ 之间的高差。完成第二个测站的工作。

⑥重复上述测量步骤直至测至 $B$ 点。

⑦要求每位小组成员测量时,加设的转点不少于 4 个。一位同学完成外业测量工作并计算出 $A$、$B$ 两点间高差后,换一人重新使用水准仪,进行上述观测,直至小组所有成员全部观测完毕,小组成员之间所测高差的差不得超过 ±20 mm。

## 2.6  实训注意事项

①开箱后先看清仪器放置情况及箱内附件情况,用双手取出仪器并随手关箱。

②水准仪安放到三脚架后立即旋紧连接螺栓。

③转动各螺旋时要稳、轻、慢。微动螺旋只有在制动后才能使用。

④测量结束后,松开连接螺栓,取下仪器立即装箱。盖箱时不可用力过猛,以免压坏仪器。不可压、坐仪器箱。

⑤水准尺不用时最好横放在地面上,不能立在墙边或斜靠在电杆或树木上,以防摔坏水准尺。

⑥观测员读数后,记录员应立刻将数据记入表格,同时复诵读数,以便观测者校核,防止听错记错。

⑦记录时,要注意字体清晰、端正。若记录时写错,不能用橡皮擦拭或随意涂改,应在记错的数据上画一斜线,再在数据上方记录正确数据。

⑧立尺员立尺时应尽量将尺立于土质坚硬处。若用尺垫,则必须将尺垫踩实。

## 2.7  记录表格

将测量结果记录在表 2.1 中。

表 2.1　测量结果记录表

| 测站 | 测点 | 水准尺读数/m | | 高差/m | | 高程/m | 备注 |
|---|---|---|---|---|---|---|---|
| | | 后视读数 $a$ | 前视读数 $b$ | + | − | | |
| | | | | | | | |
| | | | | | | | |
| | | | | | | | |
| | | | | | | | |
| | | | | | | | |
| | | | | | | | |
| | | | | | | | |
| | | | | | | | |
| 计算检核 | $\Sigma$ | | | | | | |
| | | | | | | | |

# 项目 3　闭合水准测量

## 3.1　目的和要求

①了解水准点、水准路线的概念及类型。

②掌握闭合水准路线测量的目的和要求。

③掌握闭合水准路线测量的外业测量方法和内业计算。

## 3.2　仪器和工具

水准仪 1 台,水准尺 2 根,尺垫 2 个,记录、计算表格 2 份。

## 3.3　实训内容

①学习水准点、水准路线的概念及类型。

②学习闭合水准路线测量的外业测量方法和内业计算。

## 3.4　实训项目的理论基础

### 3.4.1　水准点

为统一全国高程系统及满足各种测量工作的需要,各级测绘部门在全国各地设立固定点,做好标记,并用水准测量方法测量其高程,这些点称为水准点,一般用其英文缩写 BM 表示。水准点分为永久性和临时性两类。永久性水准点多用混凝土制成标石,其顶部嵌入半球形的金属测量标志,并将该点高程标志在标石顶部。临时性水准点可在地面打入木桩,桩顶钉入铁钉等物,或在地面上凸出的坚硬岩石、建筑物的棱角处等位置设置固定标志,并做明显标记。无论永久性水准点或临时性水准点,均应设置于稳定、牢固、便于长期保存且方便观测的位置。

### 3.4.2 水准路线

水准测量的任务,是从已知高程的水准点开始测量,视需要加设转点,测出各点之间的高差,用一定的计算方法对测量获取的高差数据进行处理,继而求出其他水准点或地面点的高程。水准测量设站观测经过的路线称为水准路线。根据现场实际地形和工程的实际需要,水准路线主要有以下3种布设形式:

①如图 3.1(a)所示,$BM_1$、$BM_2$ 为已知高程水准点,点 1、2、3、4 为未知高程水准点。水准测量从已知点 $BM_1$ 开始,经过点 1、2、3、4 等未知点后,附合到另一个已知水准点 $BM_2$ 上结束。这样的水准测量路线称为附合水准路线。

②如图 3.1(b)所示,$BM_1$ 为已知高程水准点,点 1、2、3、4 等为未知高程水准点。水准测量从已知点 $BM_1$ 开始,经过点 1、2、3、4 等未知点后,最后回到水准点 $BM_1$ 上结束。这样的水准测量路线称为闭合水准路线。

③如图 3.1(c)所示,$BM_1$ 为已知高程水准点,点 1 为未知高程水准点。水准测量从已知点 $BM_1$ 开始,测量至点 1,既没有闭合也没有附合。这样的水准测量路线称为支水准路线。支水准路线应进行往返测量,从已知高程点测量至未知高程点为往测,再从未知高程点测回至已知高程点为返测。理论上,两点间往测与返测的高差应表现为符号相反、绝对值相等。若往测、返测高差的代数和不等于零,则称此代数和为高差闭合差,也称较差。

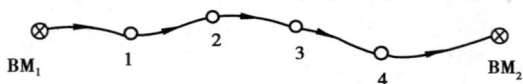

(a)附合水准路线

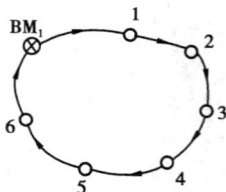

(b)闭合水准路线

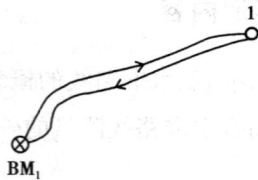

(c)支水准路线

图 3.1　水准路线的形式

### 3.4.3 水准路线的检核

(1)附合水准路线

将水准测量路线布设成附合水准路线,可使测量成果得到可靠的检核。

对附合水准路线,通过水准测量方法实测的两个已知高程水准点间的高差为 $\sum h$,在理论上,$\sum h$ 应等于这两个水准点的理论高程之差,即

$$\sum h = H_{终} - H_{始} \tag{3.1}$$

如果式(3.1)不成立,则称实测高差与理论高差之间的差值为高程闭合差,用 $f_h$ 表示。附合水准路线的高程闭合差为

$$f_h = \sum h - (H_{终} - H_{始}) \tag{3.2}$$

(2)闭合水准路线

在闭合水准路线上也可对测量成果进行检核。闭合水准路线测量的起点和终点是同一个点,则测量路线各测站测得的高差之和理论上应等于零,即

$$\sum h = 0 \tag{3.3}$$

如果实测高差之和不等于零,即为闭合水准路线的高程闭合差 $\sum h$,有

$$f_h = \sum h \tag{3.4}$$

为评定水准测量成果是否符合精度要求,在研究了误差产生的规律及总结实践经验的基础上,提出水准测量的容许高程闭合差概念,用 $f_{h容}$ 表示,单位为 mm。当水准测量实测的高差闭合差在容许高程闭合差范围内,即 $f_h \leqslant f_{h容}$ 时,表明测量精度合格,测量成果可用。若实测高差闭合差超出容许高程闭合差范围,应查明原因,必要时进行重测,直至满足精度要求。

在不同等级的水准测量中,均规定了高程闭合差的限值。图根水准测量的容许高差闭合差为

$$f_{h容} = \pm 40 \sqrt{L}\,(一般适用于平原地区) \tag{3.5}$$

$$f_{h容} = \pm 12 \sqrt{n}\,(一般适用于山岭地区) \tag{3.6}$$

式中,$L$ 为附合水准路线或闭合水准路线的长度,以 km 为单位;$n$ 为整个水准测量路线中的测站数。

### 3.4.4　闭合差的调整和高程的计算

当水准路线的高程闭合差小于容许高差闭合差时,表明测量精度满足要求,则可把高差闭合差按一定原则分配到各测段的高差上。显然,在同一条水准测量路线上,假设观测条件不变(测量人员、测量仪器、外界条件相同),高程测量的误差随水准路线的长度或路线中测站总数的增加而增加。分配的原则是根据各测段路线的长度占水准路线总长度的比例或各测段测站数占水准路线总测站数的比例,把闭合差取相反数按比例分配到各测段的高差上。各测段高差的改正数为

$$\nu_i = -\frac{f_h}{\sum L} \cdot L_i \tag{3.7}$$

或

$$\nu_i = -\frac{f_h}{\sum n} \cdot n_i \tag{3.8}$$

式中，$L_i$ 为第 $i$ 测段路线之长；$n_i$ 为第 $i$ 测段测站数；$\sum L_i$ 为水准路线总长；$\sum n_i$ 为水准路线测站总数。

计算出每一测段的高差改正数后，用每一测段的施测高差加上该测段的高差改正数，即得各测段改正后的高差，以水准路线起点的已知高程值为起算数据，加上各测段改正后的高差，可以依次计算出各水准点的高程值。

## 3.5 实训项目的练习开展

以 3 人为一小组，将全班学生分成若干小组。每个小组领取水准仪仪器 1 台套，小组成员间相互配合开展本项目的实训练习。

①在地面选定 $A$、$B$、$C$、$D$ 4 个坚固的点，做好标记，作为水准点。

②从 $A$ 点开始水准路线的施测，水准路线经过水准点 $B$、$C$、$D$ 3 个点后，最后回到水准点 $A$，完成路线的闭合，将每一测站的数据记录在闭合水准测量数据记录表格中。

③外业测量完成后，对记录表格中的数据进行计算，将相关计算结果填入高差配赋表中，完成高差配赋表的计算，得到水准点 $B$、$C$、$D$ 3 个点的高程。

## 3.6 实训注意事项

①各水准点必须选取坚固的地面点。

②一个测站的观测结束，观测者搬动仪器后，后尺的立尺者才能向前方行进，转为下一个测站的前尺。

③观测者搬动仪器，向下一个测站行进时，上一测站的前尺队员转动尺面要稳、慢，严禁移动尺垫。

④本项目实训结束，可以 3 个人作为一个小团队，共同测量、计算，3 人上交一份测量成果。

## 3.7 记录、计算表格

将测量结果和计算结果填入表 3.1、表 3.2 中。

表 3.1　五等闭合水准测量数据记录表

| 测段编号 | 测站 | 测点 | 水准尺读数/m | | 高差/m | | 备注 |
|---|---|---|---|---|---|---|---|
| | | | 后视读数 $a$ | 前视读数 $b$ | + | − | |
| | | | | | | | |
| | | | | | | | |
| | | | | | | | |
| | | | | | | | |
| | | | | | | | |
| | | | | | | | |
| | | | | | | | |
| | | | | | | | |
| | | | | | | | |
| | | | | | | | |
| | | | | | | | |
| | | | | | | | |
| | | | | | | | |
| | | | | | | | |
| | | | | | | | |
| | | | | | | | |
| | | | | | | | |
| | | | | | | | |
| | | | | | | | |
| | | | | | | | |
| | | | | | | | |
| | | | | | | | |
| | | | | | | | |
| | | | | | | | |

表 3.2 五等闭合水准测量成果整理表

| 测段编号 | 点名 | 距离 $L/\mathrm{km}$ | 测站数 $n$ | 实测高差 /m | 改正数 /m | 改正后的高差/m | 高程/m | 备注 |
|---|---|---|---|---|---|---|---|---|
| 1 | 2 | 3 | 4 | 5 | 6 | 7 | 8 | 9 |
| | | | | | | | | |
| | | | | | | | | |
| | | | | | | | | |
| | | | | | | | | |
| $\Sigma$ | | | | | | | | |
| 辅助计算 | | | | | | | | |

# 项目 4　高程放样

## 4.1　目的和要求

①了解高程放样的概念及作用。

②掌握高程放样的测量方法。

## 4.2　仪器和工具

水准仪 1 台,水准尺 2 根,尺垫 2 个,记录表格 1 份。

## 4.3　实训内容

学习高程放样的测量方法。

## 4.4　实训项目的理论基础

高程放样是指使用测量方法将结构物的设计高程测设在指定桩位上。

在公路工程施工中,在平整场地、开挖基坑、定路线坡度和定桥台桥墩的设计标高时,需要进行高程放样。在实际工作中,多采用水准测量的方法进行高程放样,有时也采用三角高程测量或使用钢尺量取竖直距离的方法。

用水准测量的方法进行高程放样,需要测区内存在已知高程的水准点(临时水准点)作为高程放样的起算点。测设出高程位置后,标定位置的方法根据工程要求或现场条件而定。土石方工程一般使用木桩标定出测设的高程,在木桩桩顶标出高程或在木桩侧面画水平线;混凝土及砌筑工程一般用红漆等将放样高程的位置标定于面壁或模板上。

如图 4.1 所示,$A$ 点为已知高程点,其高程为 $H_A$,欲在 $B$ 点标定出高程值为 $H_B$ 的位置。此为高程放样问题。具体放样步骤为:将水准仪架设于 $A$、$B$ 两点之间并调平,在 $B$ 点打一长木桩,在 $A$ 点立水准尺,读取 $A$ 点尺上读数 $a$,得到仪器视线高 $H_i = H_A + a$。假设立于 $B$ 点木桩上的水准尺底端位置所在的高程值正好是 $H_B$,此时在仪器中读取 $B$ 点木桩上水准尺的读数为 $b$,因仪器视线高固定,故 $H_A + a = H_B + b$,则可计算 $b$ 为

$$b = (H_A + a) - H_B \qquad (4.1)$$

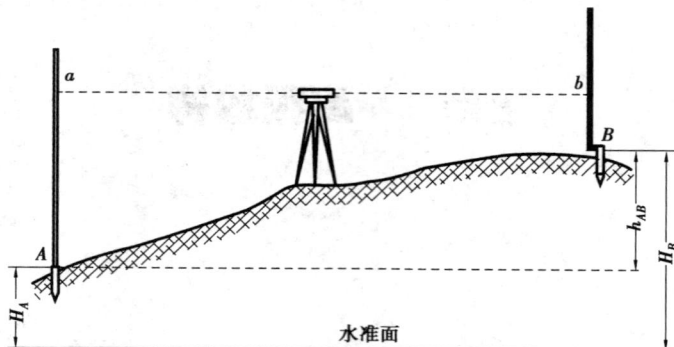

图 4.1　高程放样示意图

大多数情况下,将水准尺立于 $B$ 点木桩位置,在水准仪中读取的读数不会正好等于 $b$。立尺员应将水准尺紧贴 $B$ 点木桩侧面,上下缓慢升降水准尺,同时观测员在水准仪中观测尺面读数。若读取读数小于 $b$ 值,则观测员通知立尺员将水准尺贴住木桩缓慢下移;若读取读数大于 $b$ 值,则观测员通知立尺员将水准尺贴住木桩缓慢上移。当观测员读取尺上的读数恰好为 $b$ 时,表明此时水准尺底端所处的位置高程值为 $H_B$,此时可在木桩侧面紧靠尺底画一横线,此横线即为设计高程 $H_B$ 的位置。

一般情况下,放样高程位置均低于水准仪视线高且不超出水准尺的工作长度。当放样高程的实际位置高于水准仪视线时,可采取将水准尺倒立的方式,其计算方法和测量步骤与正立水准尺时基本相同。

为保证放样精度,放样前应认真检校水准仪和水准尺;放样时尽可能使前后视距相等;放样后可使用水准仪测量已知点与放样点之间的实际高差,以此对放样点进行检核和必要的归化改正。

## 4.5　实训项目的练习开展

以 3 人为一小组,将全班学生分成若干小组。每个小组领取水准仪仪器一台套,小组成员间相互配合开展本项目的实训练习。

①在地面选定 $A$ 点作为已知高程点,高程为 $H_A$。在墙壁上放样出高程值为 $H_B$ 的位置,并用彩色粉笔做上记号。

②将水准仪架设于 $A$ 点与墙壁之间并调平,在 $A$ 点立水准尺,读取 $A$ 点尺上读数 $a$,得到仪器视线高 $H_i = H_A + a$。计算 $b$ 值,$b = (H_A + a) - H_B$。

③立尺员将水准尺紧贴墙壁,观测员在水准仪中观测尺面读数。若读取读数小于 $b$ 值,则观测员通知立尺员将水准尺贴住墙壁缓慢下移;若读取读数大于 $b$ 值,则观测员通知立尺员将水准尺贴住墙壁缓慢上移。当观测员读取尺上的读数恰好为 $b$ 时,表明此时水准尺底端所处的位置高程值为 $H_B$,此时可在墙壁上紧靠尺底用彩色粉笔画一横线,此横线即为要测设的高程 $H_B$ 的位置。

## 4.6　实训注意事项

①操作仪器的同学自行进行简单计算,其他人不得帮忙计算。
②操作仪器的同学可以找人配合立后尺、做标记。
③要求每位同学都放样一个高程,自行计算并完成操作。

# 项目 5　四等水准测量

## 5.1　目的和要求

①了解四等水准测量的概念及作用。
②掌握四等水准测量的测量方法。

## 5.2　仪器和工具

水准仪 1 台,水准双面尺 2 根,尺垫 2 个,记录表格 1 份、高程误差配赋表 1 份,水准点成果表 1 份。

## 5.3　实训内容

①学习四等水准测量的外业测量方法。
②学习四等水准测量的内业计算。

## 5.4　实训项目的理论基础

在小区域地形测图或施工测量中,多采用三、四等水准测量作为高程控制测量的首级控制。

### 5.4.1　四等水准测量的技术要求

(1)高程系统
三、四等水准测量起算点的高程一般引自国家一、二等水准点。若测区附近没有国家水准点,也可建立独立的水准网,这样起算点的高程应采用假定高程。
(2)布设形式
如果是作为测区的首级控制,一般布设成闭合环线;如果进行加密,则多采用附合水准路线或支水准路线。四等水准路线一般沿公路、铁路或管线等坡度较小、便于施测的路线布设。

（3）点位的埋设

其点位应选在地基稳固，能长久保存标志和便于观测的地点。水准点的间距一般为 1～1.5 km，山岭重丘区可根据需要适当加密，一个测区一般至少埋设 3 个以上的水准点。

### 5.4.2　四等水准测量的观测方法

四等水准测量观测应在通视良好、望远镜成像清晰及稳定的情况下进行。一般采用一对双面尺。

1）四等水准测量一个测站的观测步骤

本操作步骤中提及的记录观测或计算的数据填于"（1）、（2）、（3）、（4）、（5）、（6）……"中，数字序号均对应于表 5.2 中的四等水准测量记录表。

①照准后尺黑面，精平，分别读取上、下、中三丝读数，填入（1）、（2）、（3）中。

②照准前尺黑面，精平，分别读取上、下、中三丝读数，填入（4）、（5）、（6）中。

③照准前视尺红面，精平，读取中丝读数，填入（7）中。

④照准后视尺红面，精平，读取中丝读数，填入（8）中。

这 4 步观测，简称为"后-前-前-后（黑-黑-红-红）"，这样的观测步骤可消除或减弱仪器或尺垫下沉误差的影响。也可以采用"后-后-前-前（黑-红-黑-红）"的观测步骤。

2）一个测站的计算与检核

（1）视距的计算与检核

后视距　（9）＝［（1）－（2）］×100 m

前视距　（10）＝［（4）－（5）］×100 m　　（三等≤75 m，四等≤100 m）

前、后视距差　（11）＝（9）－（10）　　（三等≤3 m，四等≤5 m）

前、后视距差累积　（12）＝本站（11）+上站（12）　　（三等≤6 m，四等≤10 m）

（2）水准尺读数的检核

同一根水准尺黑面与红面中丝读数的差：

前尺黑面与红面中丝读数的差　（13）＝（6）+$K$－（7）

后尺黑面与红面中丝读数的差　（14）＝（3）+$K$－（8）　　（三等≤2 mm，四等≤3 mm）

（上式中的 $K$ 为红面尺的起点数，为 4.687 m 或 4.787 m）

（3）高差的计算与检核

黑面测得的高差　　（15）＝（3）－（6）

红面测得的高差　　（16）＝（8）－（7）

校核：黑、红面高差的差　　（17）＝（15）－［（16）±0.100］

或（17）＝（14）－（13）　　（三等≤3 mm，四等≤5 mm）

高差的平均值　　（18）＝［（15）+（16）±0.100］/2

在测站上，当后尺红面起点为 4.687 m，前尺红面起点为 4.787 m 时，取+0.100；反之，取−0.100。

3）每页计算校核

（1）高差部分

在每页上，后视红、黑面读数总和与前视红、黑面读数总和之差应等于红、黑面高差之和。对于测站数为偶数的页：

$$2[(3)+(8)]-2[(6)+(7)]=\sum[(15)+(16)]=2\sum(18)$$

对于测站数为奇数的页：

$$\sum[(3)+(8)]-2[(6)+(7)]=\sum[(15)+(16)]=2\sum(18)\pm0.100$$

（2）视距部分

在每页上，后视距总和与前视距总和之差应等于本页末站视距差累积值与上页末站视距差累积值之差。校核无误后，可计算水准路线的总长度。

$$\sum(9)-\sum(10)=本页末站之(12)-上页末站之(12)，$$

$$水准路线总长度=\sum(9)+\sum(10)$$

4）成果整理

对于四等水准测量的闭合路线或附合路线的成果整理，首先其高差闭合差应满足表5.1的要求。其次，对高差闭合差进行调整，最后按调整后的高差计算各水准点的高程。若为支水准路线，则满足要求后，取往返测量结果的平均值为最后结果，据此计算水准点的高程。

## 5.5 实训项目的练习开展

①选定一条闭合水准路线，其长度以安置4~6个测站为宜。沿线标定待定点（转点）的地面标志。

②在起点与第一个待定点分别立尺，然后在两立尺点之间设站，安置好水准仪后，按以下顺序进行观测：

a.照准后视尺黑面，进行对光、调焦，消除视差；精平（将水准气泡影像符合）后，分别读取上、下丝读数和中丝读数，分别记入表5.2中（1）、（2）、（3）顺序栏内。

b.照准前视尺黑面，消除视差并精平后，读取上、下丝和中丝读数，分别记入表5.2中（4）、（5）、（6）顺序栏内。

c.照准前视尺红面，消除视差并精平后，读取中丝读数，记入表5.2中（7）顺序栏内。

d.照准后视尺红面，消除视差并精平后，读取中丝读数，记入表5.2中（8）顺序栏内。

这种观测顺序简称为"后-前-前-后"，目的是减弱仪器下沉对观测结果的影响。

③测站的检核计算

a.计算同一水准尺黑、红面分划读数差（即黑面中丝读数+$K$-红面中丝读数，其值应≤3 mm），填入表5.2中（13）、（14）顺序栏内。

$$(13)=(6)+K-(7)$$

$$(14)=(3)+K-(8)$$

b.计算黑、红面分划所测高差的差,填入表5.2中(15)、(16)、(17)顺序栏内。

(15)=(3)-(6)

(16)=(8)-(7)

(17)=(15)-[(16)±0.100]

c.计算高差中数,填入表5.2中(18)顺序栏内。

(18)=[(15)+(16)±0.100]/2

d.计算前后视距(即上、下丝读数差×100,单位为m),填入表5.2中(9)、(10)顺序栏内。

(9)=(1)-(2)

(10)=(4)-(5)

e.计算前后视距差(其值应≤5 m),填入表5.2中(11)顺序栏内。

(11)=(9)-(10)

f.计算前后视距累积差(其值应≤10 m),填入表5.2中(12)顺序栏内。

(12)=上(12)-本(11)

④用同样的方法依次施测其他各站。

⑤各站观测和验算完后进行路线总验算,以衡量观测精度。其验算方法如下:

当测站总数为偶数时:$\sum(15)+\sum(16)=2\sum(18)$

当测站总数为奇数时:$\sum(15)+\sum(16)=2\sum(18)\pm0.100\ \text{m}$

水准路线总长:$L=\sum(9)+\sum(10)$

高差闭合差 $f_h=\sum(18)$

高差闭合差的允许值:$f_{h允}=\pm20\sqrt{L}$ 或 $f_{h允}=\pm6\sqrt{N}$,单位为 mm,其中 $L$ 为以 km 为单位的水准路线长度;$N$ 为该路线总的测站数。如果算的结果是 $f_h<f_{h允}$,则可以进行高差闭合差调整,若 $f_h>f_{h允}$,则应立即进行重测该闭合路线。

## 5.6 实训注意事项

①每站观测结束后应立即进行计算、检核,若有超限则重新设站观测。全路线观测并计算完毕,且各项检核均已符合,路线闭合差也在限差之内,即可收测。

②注意区别上、下视距丝和中丝读数,并记入表5.2相应的顺序栏内。

③四等水准测量作业的集体性很强,全组人员一定要相互合作,密切配合,相互体谅。

④严禁为了快出成果而转抄、涂改原始数据。记录数据要用铅笔,字迹要工整、清洁。

⑤有关四等水准测量的技术指标限差规定见表5.1。

表5.1 四等水准测量的技术指标限差规定

| 等级 | 视线高度/m | 视距长度/m | 前后视距差/m | 前后视距累积差/m | 黑、红面分划读数差/mm | 黑、红面分划所测高差的差/mm | 路线高差闭合差/mm |
|------|----------|----------|------------|----------------|-------------------|----------------------------|-----------------|
| 四等 | ≥0.2 | ≤80 | ≤5 | ≤10 | ≤3 | ≤5 | ±20 |

## 5.7 记录、计算表格

四等水准测量记录表见表 5.2。

表 5.2 四等水准测量记录表

| 测站编号 | 点号 | 后尺 上丝 / 下丝 | 前尺 上丝 / 下丝 | 方向及尺号 | 标尺读数/m 黑面 | 标尺读数/m 红面 | 黑+K−红 /mm | 高差中数 /m | 备注 |
|---|---|---|---|---|---|---|---|---|---|
| | | 后视距/m | 前视距/m | | | | | | |
| | | 视距差 d/m | $\sum d$/m | | | | | | |
| | | (1) | (4) | 后 | (3) | (8) | (14) | | |
| | | (2) | (5) | 前 | (6) | (7) | (13) | (18) | |
| | | (9) | (10) | | (15) | (16) | (17) | | |
| | | (11) | (12) | | | | | | |
| | | | | 后 | | | | | |
| | | | | 前 | | | | | |
| | | | | | | | | | |
| | | | | | | | | | K 为水准尺常数 |
| | | | | 后 | | | | | |
| | | | | 前 | | | | | |
| | | | | | | | | | |
| | | | | | | | | | |
| | | | | 后 | | | | | |
| | | | | 前 | | | | | |
| | | | | | | | | | |
| | | | | | | | | | |
| | | | | 后 | | | | | |
| | | | | 前 | | | | | |
| | | | | | | | | | |

| 校核 | |
|---|---|
| | $\sum [(3)+(8)] - \sum [(6)+(7)] =$ |
| | $\sum [(15)+(16)] =$      ; $\sum (18) =$      ;2$\sum (18) =$ |
| | 满足：$\sum [(3)+(8)] - \sum [(6)+(7)] = \sum [(15)+(16)] = 2\sum (18)$   否□  是□ |
| | $\sum (9) - \sum (10) =$      = 末(12) |
| | 总视距 $\sum (9) + \sum (10) =$          m |

高程误差配赋表见表 5.3。

表 5.3 高程误差配赋表

| 点号 | 距 离 /m | 观测高差 /m | 改正数 /m | 改正后高差 /m | 点的高程 /m | 备注 |
|---|---|---|---|---|---|---|
| 1 | 2 | 3 | 4 | 5 | 6 | 7 |
| BMB$_1$ | | | | | | |
| BMB$_2$ | | | | | | |
| BMB$_3$ | | | | | | |
| BMB$_4$ | | | | | | |
| BMB$_1$ | | | | | | |
| | | | | | | |
| | | | | | | |
| | | | | | | |
| | | | | | | |
| $\sum$ | | | | | | |
| 辅助计算 | $f_\mathrm{h} =$       $f_{\mathrm{h}允} =$ | | | | | |

水准点成果表见表5.4。

表5.4　水准点成果表

| 点 号 | 等 级 | 高 程 |
| --- | --- | --- |
|  |  |  |
|  |  |  |
|  |  |  |
|  |  |  |
|  |  |  |
|  |  |  |
|  |  |  |
|  |  |  |
|  |  |  |
|  |  |  |
|  |  |  |
|  |  |  |
|  |  |  |
|  |  |  |
|  |  |  |

注:本表不填写已知点。

经纬仪篇

# 项目 6　电子经纬仪测角

## 6.1　目的和要求

①了解电子经纬仪的组成和各部件的名称。
②练习电子经纬仪的基本操作步骤(对中、整平、照准、读数)。
③练习使用电子经纬仪测量水平角和竖直角。

## 6.2　仪器和工具

电子经纬仪 1 台,花杆 2 根,记录表格 1 份。

## 6.3　实训内容

①了解电子经纬仪的组成和各部件的名称。
②练习电子经纬仪的对中、整平、照准、读数的方法。
③练习使用电子经纬仪测量水平角和竖直角。

## 6.4　实训项目的理论基础

### 6.4.1　水平角测量原理

角度测量是测量学的基本工作之一。在测量学中,角度分为水平角和竖直角。测量水平角多被应用于确定点的平面位置,测量竖直角可用于计算高差或将两点间的倾斜距离与水平距离进行互相换算。

水平角是地面上一点到两目标的方向线在水平面上的投影形成的夹角,一般用 $\beta$ 表示。水平角的取值范围为 0°~360°。如图 6.1 所示,设在地面上不同高程位置有 $A$、$B$、$C$ 3 个点,设想在比 $A$、$B$、$C$ 3 个点高程都小的位置找一个水平面 $P$,将 $A$、$B$、$C$ 3 个点均垂直投影在此水平面上,则空间直线 $BA$、$BC$ 在水平面上的投影分别为 $B_1A_1$、$B_1C_1$,$B_1A_1$ 与 $B_1C_1$ 在水平面 $P$ 上的夹角 $\beta$ 就是地面上 $BA$、$BC$ 两方向线所组成的水平角。显然,水平角 $\beta$ 也就是过 $BA$、$BC$ 这两方向线所作两竖直面间的二面角。

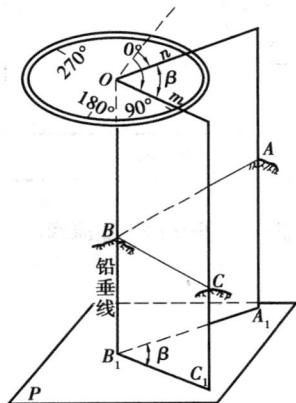

**图 6.1  水平角测量原理**

为了测量水平角,根据水平角的定义,可以假想在 $B$ 点的正上方某水平面安置一个带有顺时针刻画的圆盘,标注刻度为 0°～360°。圆盘的圆心 $O$ 在过 $B$ 点的铅垂线上,在圆盘的中心位置安置一个照准设备。该照准设备既能在水平方向 360°转动,也能在竖直方向上俯仰运动,使之能在 $BA$、$BC$ 方向线所在的竖直平面内照准任意目标,同时,当照准目标 $A$、$C$ 时,在水平圆盘上可以读出相应的刻画值读数 $a$ 和 $b$,水平角 $\beta$ 即为两读数之差

$$\beta = b - a \qquad (当\ b > a\ 时)$$
$$或\ \beta = b - a + 360° \qquad (当\ b < a\ 时)$$

用于测量水平角的仪器必须有一个能读数的度盘,并能使之水平。为了瞄准不同方向,该度盘应能沿水平方向转动,也能高低俯仰。经纬仪就是根据上述要求设计制造的一种测角仪器。

### 6.4.2  竖直角测量原理

竖直角是同一竖直面内视线与水平线间的夹角,通常以 $\alpha$ 表示,如图 6.2 所示。视线向上倾斜,称为仰角,竖直角符号为正;视线向下倾斜,称为俯角,竖直角符号为负。竖直角的角值范围为 -90°～+90°。

竖直角与水平角一样,其角值也是度盘上两个方向读数之差。不同的是竖直角的两个方向中必有一个是水平方向。任何类型的经纬仪,制作上都要求当竖直指标水准管气泡居中,望远镜视准轴水平时,其竖盘读数是一个固定值。在观测竖直角时,只要观测目标点一个方向并读取竖盘读数便可算得该目标点的竖直角,而不必观测水平方向。

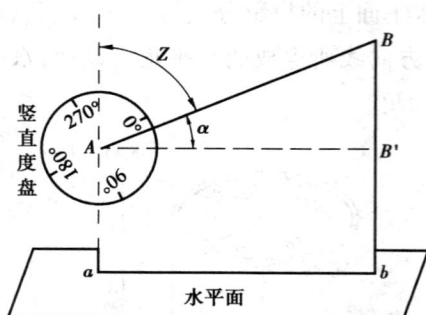

图 6.2　竖直角测量原理

## 6.5　实训项目的操作步骤

### 6.5.1　电子经纬仪的基本操作

电子经纬仪的基本操作包括对中、整平、瞄准和读数等步骤。

（1）对中

对中的目的是使电子经纬仪水平度盘的中心（仪器的竖轴）与测站点位于同一铅垂线上。现常用的对中方法有光学对中和激光对中两种。此处介绍光学对中的方法，激光对中方法在项目 7"全站仪基本操作"中介绍。

①打开三脚架，安置在测站点上，脚架高度要适中，大致与观测者的肩头等高，目测三脚架头粗略水平，且三脚架中心大致对准测站点标志中心。

②从仪器箱中取出电子经纬仪，置放于架头上，拧紧连接仪器和三脚架的中心连接螺旋，使仪器与三脚架连接固定。转动光学对中器的目镜对光螺旋，调节仪器分划板的中心圈（有些仪器使用的是十字丝）至清晰状态，旋转脚螺旋，使分划板中心对准测站点标志中心。

③使用三脚架的升降螺旋调整架腿的高度，使圆水准器的气泡居中。升降架腿高度时，一般只调整两个架腿。

④旋转脚螺旋使照准部水准管气泡居中。检查对中器分划圈中心是否对准测站点地面标志中心。若有偏离，可稍旋松连接螺旋，在架头上移动仪器，使其精确对中。

（2）整平

整平的目的是使经纬仪的竖轴位于铅垂方向，即令仪器水平度盘处于水平状态。

整平分成粗平和精平两步。粗平是升降三脚架中的两个架腿的高度，使圆水准器的气泡居中，仪器度盘粗略水平。精平是旋转基座上的 3 个脚螺旋使照准部水准管气泡居中，仪器竖轴竖直和水平度盘精确水平。

精平时，在经纬仪的 3 个脚螺旋中任意选择两个，转动照准部，使照准部水准管选择的两个脚螺旋的连线平行，两手同时转动这两个脚螺旋，控制水准管气泡向左或向右运动直至居中。同水准仪整平时一样，转动脚螺旋的方向应遵循"左手大拇指"原则，即气泡移动的方向始终和左手大拇指运动的方向一致,同时还应遵循"同进同出"原则,即令两个脚螺旋同时由内向外旋转,或同时由外向内旋转。如图 6.3(a)所示,水准管气泡需向右运动至居中,则左手转动脚螺旋时大拇指运动的方向也需从左向右运动,即由外向内运动,根据"同进同出"原则,右手同时转动脚螺旋也需由外向内的方向运动。

将照准部旋转 90°,水准管气泡方向垂直于选择的两个脚螺旋连线方向。如图 6.3(b)所示,转动第 3 个脚螺旋,使水准管气泡居中,按以上步骤反复进行,直到照准部转至任意位置气泡皆居中为止。

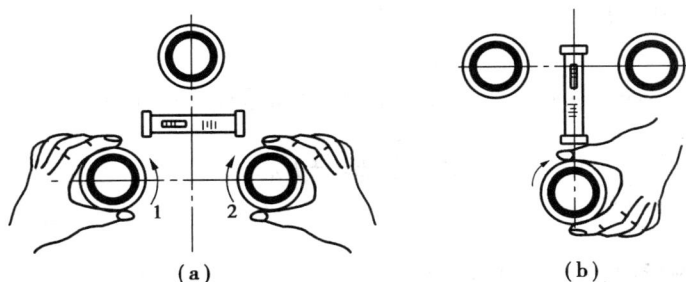

图 6.3　电子经纬仪整平

(3)瞄准

测水平角时,瞄准是指用十字丝的纵丝精确地瞄准目标,具体操作步骤如下:

①调节目镜调焦螺旋,使十字丝清晰。

②松开望远镜制动螺旋和照准部制动螺旋,先利用望远镜上的准星瞄准目标,使在望远镜内能看到目标物象,然后旋紧上述两制动螺旋。

③转动物镜调焦使物象清晰,注意消除视差。

④旋转望远镜和照准部制动螺旋,使十字丝的纵丝精确地瞄准目标,如图 6.4 所示。

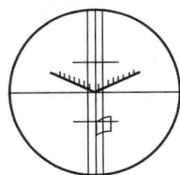

图 6.4　瞄准目标

(4)读数

照准目标后,电子经纬仪的显示屏幕上会显示照准的方向值读数,将该读数记录到表格中即可。

### 6.5.2　测回法观测水平角

测回法测量水平角的观测步骤如图 6.5 所示。

①在水平角 $\beta$ 顶点 $O$ 点安置经纬仪,对中、整平。在 $A$、$B$ 两点分别立观测标志,一般是花杆、测钎。使电子经纬仪处于盘左状态,即当观测者面对望远镜目镜时竖盘位于望远镜的左侧,此时仪器状态称为正镜。仪器精确瞄准目标 $A$,在屏幕上读取读数为 $A_{左}$,记入

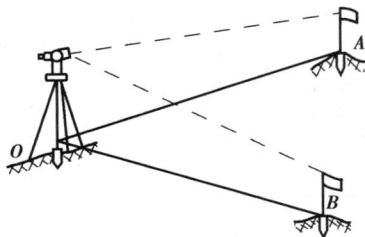

图 6.5　测回法观测

记录表中。

②松开照准部水平制动螺旋,顺时针转动照准部,瞄准右方 $B$ 目标,读取水平度盘读数 $B_{左}$。以上观测过程称为上半测回,测得的水平角角值即

$$\beta_{左} = B_{左} - A_{左} \tag{6.1}$$

③松开水平及竖直制动螺旋,水平转动照准部 180°,使电子经纬仪处于盘右状态,即当观测者面对望远镜目镜时竖盘位于望远镜的右侧,此时仪器状态称为倒镜。盘右瞄准右方目标 $B$,读取水平度盘读数 $B_{右}$,再逆时针转动照准部瞄准左方目标 $A$,读取水平度盘读数 $A_{右}$。以上观测过程称为下半测回,测得的水平角角值为

$$\beta_{右} = B_{右} - A_{右} \tag{6.2}$$

④上、下半测回合称一测回。可取两个半测回角值的平均值作为一个测回的角值,即

$$\beta = \frac{1}{2}(\beta_{左} + \beta_{右}) \tag{6.3}$$

必须注意:

a.在一般工程测量中,通常要求上、下半测回的角值之差不得大于 40″,满足此要求,才能取其平均值作为一测回测量角值。若不符合此要求,应重新测量。

b.若水平度盘是按顺时针方向注记的,则半测回角值必须是右目标读数减去左目标读数。若减得结果小于 0,则将右目标读数加上 360° 再减去左目标读数。

c.当测角精度要求较高时,需要对一个角观测若干测回。为了减少度盘分划误差的影响,各测回间应根据测回数 $n$ 按 $180°/n$ 变换水平度盘位置。例如,对一个水平角观测两个测回,第 1 测回盘左起始方向的读数应配置为 0°0′0″,第 2 测回盘左起始方向的读数应配置为 90°0′0″。

测回法测角记录及计算格式见表 6.1。

表 6.1　水平角观测手簿(测回法)

| 测站 | 测回 | 竖盘位置 | 目标 | 水平度盘数 | 半测回角值 | 一测回角值 | 各测回平均角值 |
|---|---|---|---|---|---|---|---|
| $O$ | 1 | 左 | $A$ | 0°03′18″ | 89°30′12″ | 89°30′15″ | 89°30′21″ |
| | | | $B$ | 89°33′30″ | | | |
| | | 右 | $A$ | 180°03′24″ | 89°30′18″ | | |
| | | | $B$ | 269°33′42″ | | | |
| $O$ | 2 | 左 | $A$ | 90°03′30″ | 89°30′30″ | 89°30′27″ | |
| | | | $B$ | 179°34′00″ | | | |
| | | 右 | $A$ | 270°03′24″ | 89°30′24″ | | |
| | | | $B$ | 359°33′48″ | | | |

## 6.6 实训项目的练习开展

以 6 人为一小组,将全班学生分成若干小组。每个小组领取电子经纬仪仪器 1 台套,每 3 人相互配合开展本项目的实训练习。

①在地面选定 $O$ 点作为架设仪器点,选定 $A$、$B$ 两点作为立花杆的点,观测 $\angle AOB$。

②在 $O$ 点安置电子经纬仪,对中、整平后盘左位置精确瞄准左目标 $A$,调整水平度盘为零度稍大,读数 $A_左$,将数据记录到表格中。

③松开水平制动螺旋,顺时针转动照准部,瞄准右方 $B$ 目标,读取水平度盘读数 $B_左$,将数据记录到表格中。

④松开水平及竖直制动螺旋,盘右瞄准右方 $B$ 目标,读取水平度盘读数 $B_右$,将数据记录到表格中,再瞄准左方目标 $A$,读取水平度盘读数 $A_右$,将数据记录到表格中。

⑤完成记录表格的计算,获得水平角角值。

## 6.7 实训注意事项

①采用升降脚架的方法来实现仪器的粗平,采用调整脚螺旋的方法来实现仪器的精平。
②瞄准目标时应消除视差,尽量瞄准目标底部。
③测量水平角时要求用竖丝瞄准目标。
④安置仪器高度要适中,转动照准部及使用各种螺旋时用力要轻。
⑤按观测顺序读数、记录,注意检查测量结果是否符合限差,超限应重测。

## 6.8 记录、计算表格

用测回法测角记录计算在表 6.2 中。

表 6.2 水平角观测手簿(测回法)

| 测站 | 测回 | 竖盘位置 | 目标 | 水平度盘数 | 半测回角值 | 一测回角值 | 各测回平均角值 |
|---|---|---|---|---|---|---|---|
| | | | | | | | |
| | | | | | | | |
| | | | | | | | |
| | | | | | | | |
| | | | | | | | |
| | | | | | | | |

# 全站仪篇

# 项目 7　全站仪基本操作

## 7.1　目的和要求

①了解华星全站仪的组成和各部件的名称。
②掌握华星全站仪各按键的功能。
③掌握华星全站仪的基本操作。

## 7.2　仪器和工具

华星全站仪 1 台,对中杆 1 个,棱镜 1 个,记录表格 1 份。

## 7.3　实训内容

①熟悉华星全站仪各按键的功能。
②熟悉华星全站仪的基本功能及操作。

## 7.4　华星全站仪部件名称及功能

### 7.4.1　全站仪结构名称

华星全站仪部件名称如图 7.1 所示。

### 7.4.2　全站仪按键功能

华星全站仪的操作面板及按键布置如图 7.2 所示。

⏻——仪器开机/关机键。仪器未开机时,按下此键,仪器进入开机状态。仪器处于开机状态时,按下此键,再按下【ENT】键,仪器关机。

☀——调节屏幕背光亮度。按下此键,屏幕背光亮度增强,多次按下此键,屏幕背光亮度

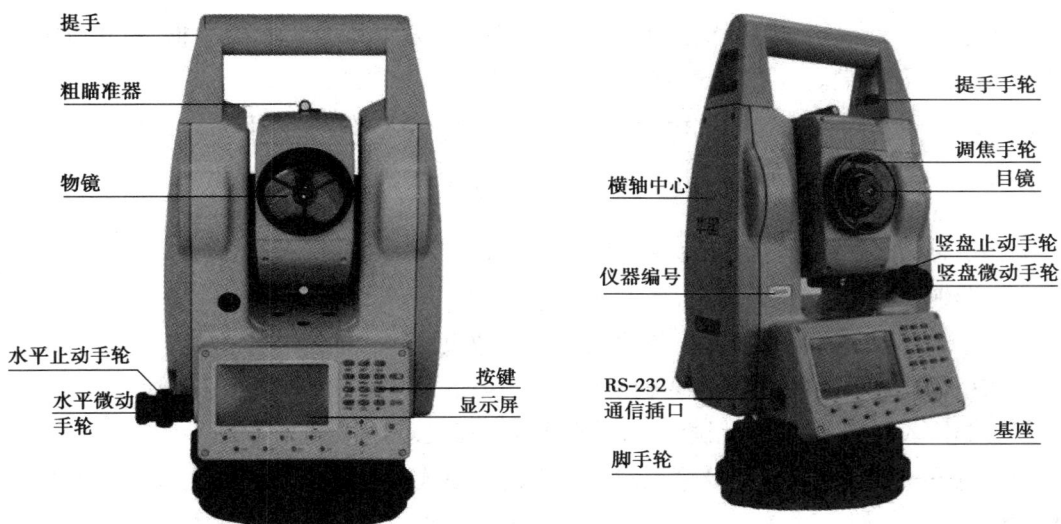

图 7.1　华星全站仪部件名称

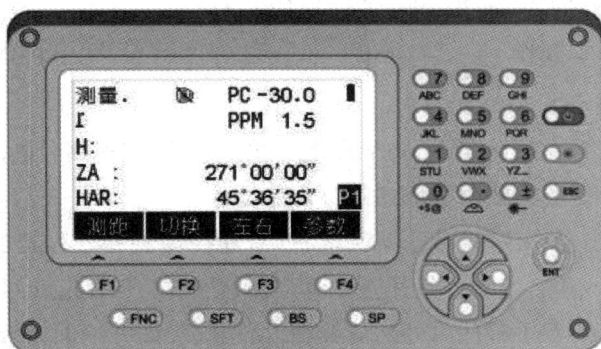

图 7.2　华星全站仪的操作面板及按键布置

增至最亮,再次按此键,屏幕亮度恢复至初始状态亮度。

【ESC】——返回键。按下此键,仪器屏幕返回到前一个屏幕。

【ENT】——回车确认键。按下此键,确认输入并换行或确认选择某选项。

【F1—F4】——分别按下 F1—F4 键,表示选择在屏幕中位于各 F 键正上方的功能。如图 7.2 中所示,按下 F1 键,表示选择使用仪器的"测距"功能;按下 F4 键,表示选择进入仪器的"参数"界面,进行仪器各参数的查看和设置。

【FNC】——仪器功能键。

①在仪器的一般状态下,可进行功能菜单翻页。多次按下此键,仪器屏幕右下方的"P1"字样在"P1""P2""P3"之间切换显示,相应每个页面显示的功能也不相同。

②在使用仪器的放样、坐标测量、悬高测量等功能时,按下此键,可进入输入仪器高、目标

高的界面,以便输入仪器高及目标高等测量数据。

【SFT】——数字、字母切换键。按下此键,可在数字输入和字母输入两种模式间切换。

【BS】——删除键。按下此键,删除光标左侧的一个数字或字母。

【SP】——全删除键。按下此键,删除光标所在行的全部数字或字母。

▨ ——①在数字输入功能中,此键是小数点输入键。

②在字符输入功能中,此键为#输入键。

③在非输入状态下,按下此键,进入自动补偿屏幕。

【+/−】——①在数字输入功能中,此键是正号或负号输入键。

②在字符输入功能中,此键为 ∗ 输入键。

③在非输入状态下,按下此键,进入激光指向和激光对中屏幕。

【1~9】——数字输入或字母输入键。数字输入模式与字母输入模式之间的切换通过按【SFT】键来完成。例如,在数字输入模式下,按下键 7,数据行光标处出现数字 7,按下【SFT】键,切换成字母输入模式,按下键 7,光标处出现字母 A,若快速按下键 7 两次,则出现字母 B,快速按下键 7 三次,出现字母 C,依次循环显示字母 A、B、C。

### 7.4.3　全站仪基本操作

1)全站仪对中、整平

①打开三脚架,安置在测站点上,脚架高度要适中,大致与观测者的肩头等高,目测三脚架头粗略水平,且三脚架中心大致对准测站点标志中心。

②从仪器箱中取出经纬仪,置放于架头上,拧紧连接仪器和三脚架的中心连接螺旋,使仪器与三脚架连接固定。开启仪器并打开激光对点器,会有 1 个激光点照射于地面。保持 1 只架腿位置立于地面不动,双手握住另外两只架腿,使架腿尖离开地面,转动两只架腿,地面的激光点会发生移动。当激光点大致对准测站点时,使三角架 3 只架腿均固定在地面上。调节全站仪的 3 个脚螺旋,使激光对点器精确对准测站点。

③使用三脚架的升降螺旋调整架腿的高度,使圆水准器的气泡居中,仪器度盘粗略水平。升降架腿高度时,一般只调整两只架腿。

④精平仪器。如图 7.3 所示,在经纬仪的 3 个脚螺旋中任意选择两个,转动照准部,使照准部水准管选择的两个脚螺旋的连线平行,两手同时转动这两个脚螺旋,控制水准管气泡向左或向右运动直至居中。同水准仪整平时一样,转动脚螺旋的方向应遵循"左手大拇指"原则,即气泡移动的方向始终和左手大拇指运动的方向一致,同时还应遵循"同进同出"原则,即使两个脚螺旋同时由内向外旋转,或同时由外向内旋转。如图 7.3(a)中所示,水准管气泡需向右运动至居中,则左手转动脚螺旋时大拇指运动的方向也需从左向右运动,即由外向内运动,根据"同进同出"原则,右手同时转动脚螺旋也需由外向内的方向运动。

将照准部旋转 90°,水准管气泡方向垂直于选择的两个脚螺旋连线方向,如图 7.3(b)所示,转动第 3 个脚螺旋,使水准管气泡居中。按以上步骤反复进行,直到照准部转至任意位置气泡皆居中为止。

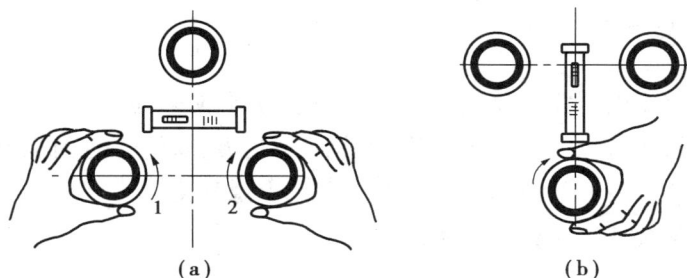

图 7.3　全站仪精平操作示意图

⑤精平仪器操作完成后,观察地面激光点是否有偏离地面 $O$ 点测量标志中心。若有偏离,则轻微松开中心连接螺旋,平移仪器(不可旋转仪器),使激光点精确对准测站点标志中心。再拧紧中心连接螺旋,再次旋转脚螺旋精平仪器。此项操作应反复进行直至仪器对中与整平同时满足要求为止。

2)全站仪开、关机

全站仪在关机状态时,按住电源开关键,大约 1 s,放开电源开关键,则仪器开机,进入初始屏幕,如图 7.4 所示。

在停留大约 1 s 后,进入基本测量屏幕,如图 7.5 所示。

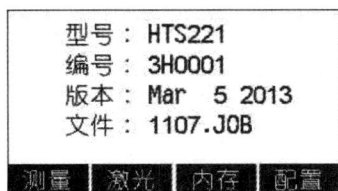

图 7.4　全站仪初始屏幕

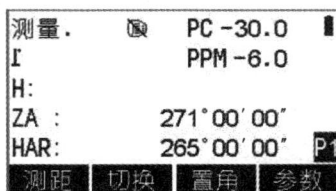

图 7.5　全站仪基本测量屏幕

在基本测量屏幕下按【ESC】键返回到初始屏幕,可以进入内存和配置操作功能屏幕。

若要关闭全站仪,在全站仪开机状态下,按一下电源开关键,弹出确认提示框,如图 7.6 所示。

按【ENT】键,则关闭仪器电源;按【ESC】键退出该提示框;若 3 s 内没有按键,则自动退出该提示框,仪器屏幕恢复到按下开机键前的显示界面。

图 7.6　全站仪关机确认提示框

### 7.4.4　全站仪各符号的含义

PC——棱镜常数;PPM——气象改正数;ZA——天顶距(天顶 0°);

VA——垂直角(水平 0°／±90°);%——坡度;S——斜距;
H——平距;V——高差;HAR——右角;HAL——左角。

## 7.5 实训注意事项

①全站仪作为精密电子仪器,使用过程中应注意防雨、防晒、防尘。
②在使用全站仪的过程中禁止直接用望远镜观察远方,以免造成眼睛损伤。
③仪器装箱前应取下电池,取下电池前务必关闭电源开关。
④迁站时必须将仪器从三脚架上取下。

# 项目 8　全站仪距离、悬高、面积、对边测量

## 8.1　目的和要求

①了解距离测量、悬高测量、面积测量、对边测量等功能的概念及意义。

②掌握华星全站仪距离测量、悬高测量、面积测量、对边测量等功能的使用。

③会通过使用距离测量、悬高测量、面积测量、对边测量等功能解决实际问题。

## 8.2　仪器和工具

华星全站仪 1 台,对中杆 1 个,棱镜 1 个,记录表格 1 份。

## 8.3　实训内容

①练习使用华星全站仪距离测量功能。

②练习使用华星全站仪悬高测量功能。

③练习使用华星全站仪面积测量功能。

④练习使用华星全站仪对边测量功能。

## 8.4　实训项目的操作步骤

### 8.4.1　距离测量

全站仪的距离测量功能主要用于测量地面两点间的距离。

假定地面上有 A、B 两个点,现需测量出 A、B 两点之间的距离。用"距离测量"功能可以完成此任务。具体操作步骤如下:

①在 A 点架设全站仪,开机,对中,整平仪器。在 B 点立棱镜。

②用全站仪望远镜十字丝照准 B 点棱镜的中心。为方便望远镜照准棱镜,可按【+/−】键

进入激光指向功能,屏幕显示如图 8.1 所示。按一下【指向】,则打开望远镜指向激光,便于观测者使用望远镜照准棱镜,再按一下【指向】,则关闭望远镜指向激光。进入此屏幕后,激光对中自动打开,按【+/−】键调整激光对中器亮度。退出此屏幕,激光对中器自动关闭。

③在测量模式 P1/P2/P3 页(不同的仪器因设置不同,需选择的页面可能不同)菜单中按【切换】对应的 F 键,选择所需的距离类型。每按一次【切换】对应的 F 键,显示屏中的距离类型在"S:斜距、H:平距、V:高差"3 种类型中切换显示,即测量距离后,显示的距离类型为选择的类型。全站仪测量模式如图 8.2 所示。

图 8.1　全站仪激光设置屏幕

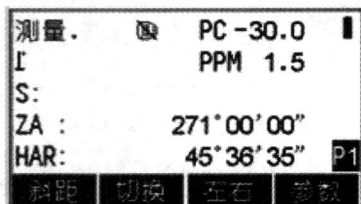

图 8.2　全站仪测量模式屏幕

④望远镜十字丝照准棱镜中心后,按【斜距】对应的 F1 键,开始距离测量,此时屏幕上会显示相关的距离测量的信息(测距类型、棱镜常数改正值、大气改正数和测距模式),如图 8.3 所示。

⑤全站仪完成距离测量时,发出一声短响,将测得的斜距"S"、垂直角"ZA"和水平角"HAR"值显示在屏幕上,如图 8.4 所示。

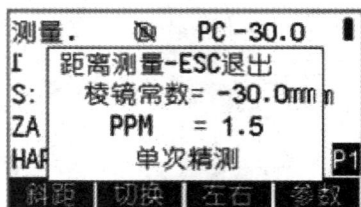

图 8.3　全站仪测距屏幕

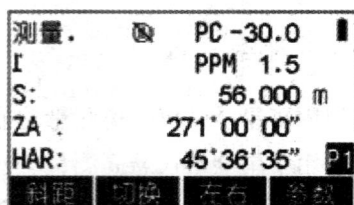

图 8.4　全站仪完成测距操作后屏幕显示

### 8.4.2　悬高测量

在公路工程建设中,常需测量不能设置棱镜的目标的高度,如测量与工程线路交叉的高压线离地面的高度。悬高测量可以解决此类问题。

全站仪悬高测量功能是在不使用棱镜的情况下,测量空中某一点距离地面的高度。全站仪进行悬高测量的工作原理如图 8.5 所示。

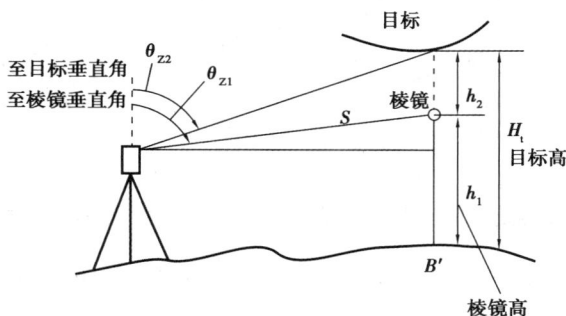

图 8.5   全站仪悬高测量工作原理示意图

目标高计算公式为

$$H_t = h_1 + h_2$$

$$h_2 = S \times \sin \theta_{Z1} \times \cot \theta_{Z2} - S \times \cos \theta_{Z1}$$

假定在地面 $A$ 点上方一定高处位置有一 $B$ 点,现需测量出 $B$ 点至地面 $A$ 点的高度。用全站仪"悬高测量"功能可以完成此任务。具体操作步骤如下:

①在与 $A$ 点通视、距离 $A$ 点大于 10 m 任一点架设全站仪,开机,整平仪器。在 $B$ 点正下方立棱镜。

②在测量模式菜单页中按【菜单】对应的 F 键,显示出功能列表,按"方向键"将光标移至数字 5 对应的"悬高测量"功能,如图 8.6 所示。按【ENT】键,进入悬高测量界面。

③进入悬高测量界面后,按【FNC】键,进入设置仪器高、棱镜高界面,输入仪器高和棱镜高后,按【确定】对应的 F 键,显示屏返回到悬高测量界面,如图 8.7 所示。

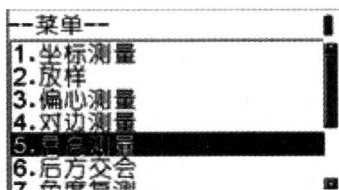

图 8.6   全站仪"菜单"界面

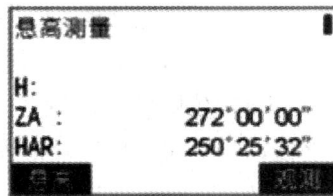

图 8.7   全站仪悬高测量初始界面

④用仪器望远镜十字丝照准棱镜中心,按【观测】对应的 F 键开始测量,测量停止后,屏幕上显示全站仪至 $B$ 点处棱镜的水平距离"H",如图 8.8 所示。

⑤按【悬高】对应的 F 键开始悬高测量,"Ht"一栏显示出此时照准的棱镜中心距离地面 $B$ 点的高度(棱镜高)。向上转动望远镜,"Ht"一栏的数值不断刷新。用仪器望远镜十字丝照准 $B$ 点,"Ht"一栏显示的数值即为 $B$ 点距离地面 $A$ 点的高度,如图 8.9 所示。

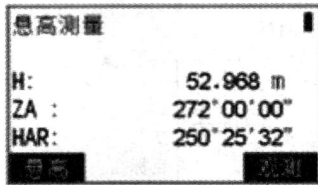

图 8.8　全站仪悬高测量距离后界面　　图 8.9　全站仪显示悬高数据界面

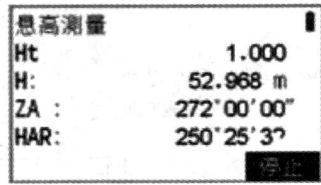

⑥按【停止】对应的 F 键结束悬高测量操作。按【ESC】返回上一级屏幕。

注：全站仪的最大观测角度为±89°，最大的观测高度为±9 999.999 m。

### 8.4.3　面积测量

全站仪面积计算功能是通过现场测量或调用仪器内存中 3 个或多个点的坐标数据，计算出由这些点的连线封闭而成的图形的面积。所用坐标数据，可以通过现场测量获取，也可以在仪器中输入数据，还可以同时使用这两种方法交替进行。

全站仪进行面积计算的示意图如图 8.10 所示。

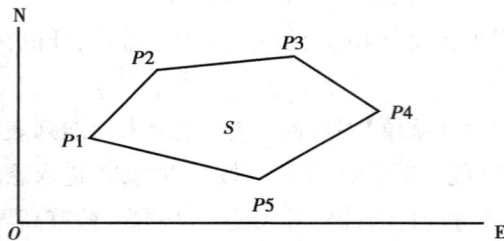

图 8.10　全站仪面积计算示意图

$P1,P2,P3,\cdots,Pn$ 为地面上点位，其坐标分别为 $P1$（N1，E1）$P2$（N2，E2）$P3$（N3，E3）$,\cdots,Pn$（N$n$，E$n$），依顺序连接各点位，形成一个封闭区域。

面积计算功能即计算出封闭区域的面积 $S$，显示在屏幕上。

构成封闭区域的坐标点的个数范围为 3~20，若使用的点数少于 3 个，计算面积会出现错误。另输入或现场测量组成封闭区域的点位的坐标数据时，必须按顺时针或逆时针的顺序给出，否则计算的结果不正确。

如图 8.10 所示，地面有 $P1,P2,\cdots,P5$ 共 5 个点，组成一个封闭区域，其面积为 $S$。使用全站仪进行面积计算的具体操作步骤如下：

①在地面点形成的封闭区域外与 5 个点均通视的任一位置架设全站仪，开机，整平仪器。

②在测量模式菜单页中按【菜单】对应的 F 键，显示出功能列表，按"方向键"将光标移至数字 8 对应的"面积计算"功能，如图 8.11 所示。按【ENT】键，进入面积计算界面，如图 8.12 所示。

图 8.11　全站仪"菜单"界面

图 8.12　全站仪"面积计算"初始界面

③将棱镜置于 P1 点,全站仪望远镜十字丝照准棱镜中心,按【测量】对应的 F 键,仪器屏幕上显示测得的 P1 点坐标,如图 8.13 所示。若仪器内存中存有 P1 点坐标,也可以按【取值】对应的 F 键,直接读取 P1 点坐标。测量 P1 点坐标后,仪器将测量结果作为"pt_01"点保存并显示。

④按顺时针或逆时针方向依次将棱镜置于 P2,…,P5 点,重复步骤③中的操作,分别测量出 P2,…,P5 点坐标。测量完所有点的坐标后,仪器屏幕会显示出所有点的坐标信息,如图 8.14 所示。

⑤按【计算】对应的 F 键,仪器会计算出封闭区域的面积 S 并显示在仪器屏幕上,如图 8.15 所示。

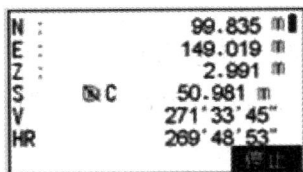

图 8.13　全站仪"面积计算"
测量一个点坐标后界面

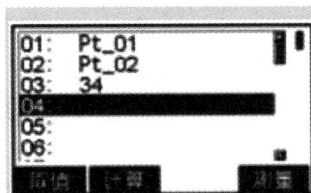

图 8.14　全站仪"面积计算"
测量多点坐标后界面

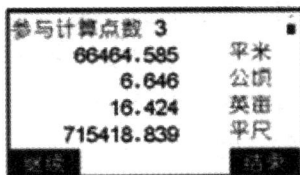

图 8.15　全站仪"面积计算"
显示面积数据界面

### 8.4.4　对边测量

假定地面上有 A、B 两个点,现需测量出 A、B 两点之间的距离。将全站仪架设于 A 点,在 B 点立棱镜,使用全站仪"距离测量"功能便可完成此任务。当 A、B 两点之间不通视时,A 点的全站仪无法照准 B 点的棱镜,便无法完成距离测量的操作。此时,可以使用"对边测量"功能来解决此类问题。

"对边测量"常用来测量两个相互不通视的点之间的距离。地面有 A、B 两个互不通视的点,用全站仪"对边测量"功能测量 A、B 两点间距离的具体操作步骤如下:

①在与 A、B 两个点均通视的任一第 3 点架设全站仪,开机,整平仪器。

②在测量模式菜单页中按【菜单】对应的 F 键,显示出功能列表,按"方向键"将光标移至数字 4 对应的"对边测量"功能,按【ENT】键,进入对边测量界面,如图 8.16 所示。

③将棱镜置于 A 点,全站仪望远镜十字丝照准棱镜中心,按【观测】对应的 F 键,仪器屏幕上显示测得至 A 点的距离、角度等数据,如图 8.17 所示。

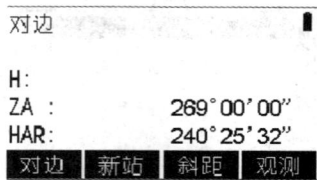

图 8.16　全站仪"对边测量"初始界面

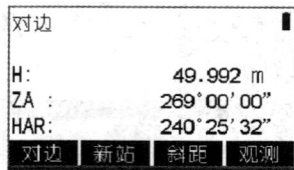

图 8.17　全站仪"对边测量"测量
到 A 点距离界面

④将棱镜置于 B 点,全站仪望远镜十字丝照准棱镜中心,按【对边】对应的 F 键,仪器屏幕上显示测得仪器至 B 点的距离 H、角度等数据,同时计算出 A、B 两点间的距离,并以"对边 S、H"的形式(其中 S 为 A、B 两点间的斜距,H 为 A、B 两点间的平距)显示在仪器屏幕中,如图 8.18 所示。

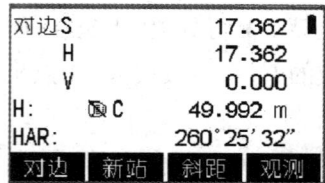

图 8.18　全站仪"对边测量"显示
对边距离界面

## 8.5　实训项目的练习开展

以 6 人为一小组,将全班学生分成若干小组。每个小组领取全站仪 1 台套,每两人相互配合开展本项目的实训练习。

①在地面选定 A、B 两点,练习使用全站仪测距功能测量此两点之间的距离。

②在任一点安置全站仪,选取某一墙壁上较高的一点,练习使用全站仪悬高测量功能测量此点的高度。

③在地面上选取某一小块面积,练习使用全站仪面积测量功能测量该区域的面积。

④在地面选定互不通视的 A、B 两点,练习应用全站仪对边测量功能测量此两点之间的距离。

# 项目 9　全站仪坐标测量

## 9.1　目的和要求

①了解全站仪坐标测量功能的概念及意义。

②掌握华星全站仪坐标测量功能的使用。

③会通过使用坐标测量功能解决实际问题。

## 9.2　仪器和工具

华星全站仪 1 台,对中杆 1 个,棱镜 1 个,记录表格 1 份。

## 9.3　实训内容

练习华星全站仪坐标测量功能。

## 9.4　实训项目的操作步骤

在公路工程建设中,常需测量某些点位的坐标。例如,测量浇筑成型后结构物轮廓角点的坐标,以便与其设计坐标进行对比,或者测量某区域地物和地貌特征点的坐标,以便绘制地形图。全站仪"坐标测量"功能可以解决此类问题。

使用全站仪测量地面点位坐标,一般情况下,需要在测量区域有至少两个已知坐标点,其特点是在地面的位置固定且有明显标记,三维坐标为已知。进行坐标测量时,选择其中一个点作为测站点。在该点架设仪器,选另外一点为后视点,在后视点上立棱镜。

假定地面有 $A$、$B$ 两个点,其在地面有固定明显标记,三维坐标均为已知,$A$ 点坐标为(100,200,1),$B$ 点坐标为(25,36,1)。利用 $A$、$B$ 两个点测量与其均通视的第 3 点 $C$ 点的坐标,可以通过全站仪"坐标测量"功能来完成。具体操作步骤如下:

①选 $A$ 点作为测站点，在 $A$ 点架设仪器，开机，对中，整平。以 $B$ 点为后视点，在 $B$ 点立棱镜。

②在测量模式菜单页中按【菜单】对应的 F 键，显示出功能列表，按"方向键"将光标移至数字 1 对应的"坐标测量"功能，按【ENT】键，进入"坐标测量"界面。按"方向键"将光标移至数字 2 对应的"设置测站"选项，如图 9.1 所示。

按【ENT】键（或直接按数字键 2），进入测站数据输入界面，屏幕中"NO""EO""ZO"分别对应测站点的 $X$、$Y$、$Z$ 坐标，输入 $A$ 点的三维坐标，"NO" = 100，"EO" = 200，"ZO" = 1。用卷尺从全站仪横轴中心位置量取至地面 $A$ 点间的高度为仪器高，输入仪器中，为 1.6 m。目标高即棱镜高度，在棱镜上可直接读取，输入仪器中，为 1.0 m。测站点数据全部输入仪器后，如图 9.2 所示。若 $A$ 点的坐标在测量前已经存入仪器内存中，则可以按【取值】对应的 F 键，直接从仪器内存中读取 $A$ 点坐标，而无须手动输入。

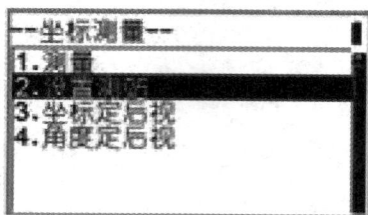

图 9.1　全站仪"坐标测量"菜单界面　　图 9.2　全站仪"坐标测量"测站数据输入界面

③按【确定】对应的 F 键，结束测站数据输入操作，仪器屏幕显示返回到坐标测量菜单屏幕，如图 9.3 所示。

④按"方向键"将光标移至数字 3 对应的"坐标定后视"选项，如图 9.4 所示。按【ENT】键（或直接按数字键 3），进入后视点数据输入界面，屏幕中"NBS""EBS""ZBS"分别对应后视点的 $X$、$Y$、$Z$ 坐标，输入 $B$ 点的三维坐标，"NO" = 25，"EO" = 36，"ZO" = 1，同时输入点名，如图 9.5 所示。同设置测站时一样，若 $B$ 点的坐标在测量前已经存入仪器内存中，则可以按【取值】对应的 F 键，直接从仪器内存中读取 $B$ 点坐标，而无须手动输入。

图 9.3　全站仪"坐标测量"菜单界面　　　　图 9.4　全站仪"坐标测量"菜单界面

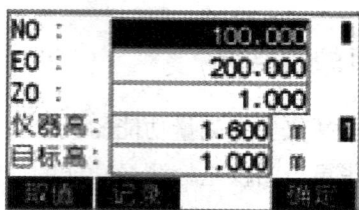

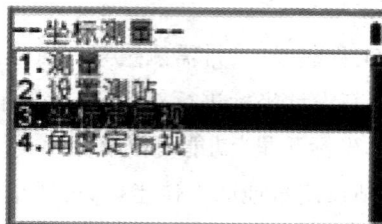

⑤按【确定】对应的 F 键，结束后视点数据输入操作。仪器系统根据输入的测站点坐标和后视点坐标进行坐标反算，计算出 $A$、$B$ 两点连线的坐标方位角和距离，同时系统提示"请照准后视"。若不想进行后视检查，按【ESC】键避开后视检查操作，此时已经设置完成了后视方位

角,不影响后续操作。但为检查是否存在输入坐标数据时输错或坐标数据精度不高等问题,一般需做后视检查。将全站仪望远镜十字丝照准后视点棱镜中心,按【ENT】键,进入后视检查界面,仪器屏幕上显示系统计算得到的 $A$、$B$ 两点连线的坐标方位角"HAR" = 245°25′28″和距离"计算 HD" = 180.336 m,如图 9.6 所示。

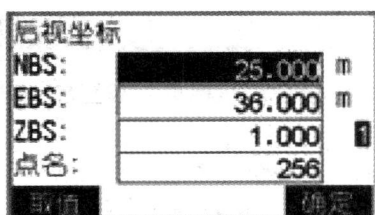

图 9.5　全站仪"坐标测量"后视点数据输入界面

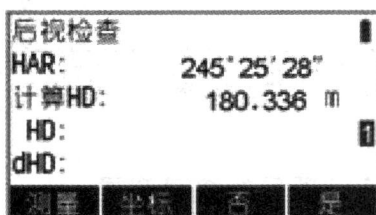

图 9.6　全站仪"坐标测量"后视检查界面

⑥按【测量】对应的 F 键,对后视点进行测量,仪器屏幕上显示实测的 $A$ 点至 $B$ 点的水平距离"HD" = 55.992 m,"dHD" = −124.344 为 $A$、$B$ 两点间的实测距离与根据两点坐标反算得到

的距离之差值,如图 9.7 所示。若"dHD"较大,则需返回到前面操作步骤界面检查测站点和后视点的坐标数据是否存在输入错误。若检查坐标数据输入不存在错误,则需检核提供的测站点和后视点坐标数据是否错误或精度是否符合要求。

⑦完成后视检查后,按【是】对应的 F 键,仪器屏幕显示返回到坐标测量菜单屏幕,如图 9.8 所示。棱镜立于要测量坐标的 $C$ 点,全站仪望远镜十字丝照准棱镜中

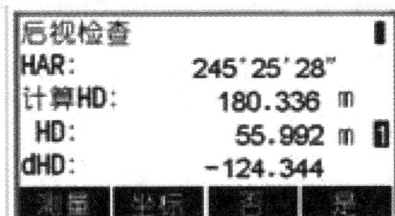

图 9.7　全站仪"坐标测量"后视
检查界面

心,按"方向键"将光标移至数字 1 对应的"测量"选项,按【ENT】键(或直接按数字键 1),全站仪测量出 $C$ 点坐标,并显示在屏幕上,如图 9.9 所示。

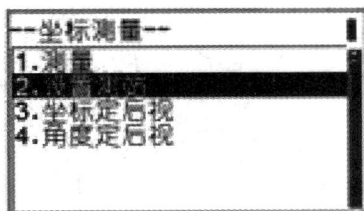

图 9.8　全站仪"坐标测量"菜单界面

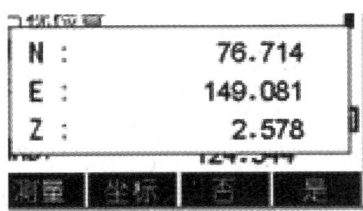

图 9.9　全站仪"坐标测量"点位坐标数据显示界面

注:在步骤④中,进行定后视操作时,也可以选择数字 4 对应的"角度定后视"来定后视方向。此操作一般适用于 $A$、$B$ 连线方向的方位角已知或观测者手工计算出 $A$、$B$ 连线方位角,直接输入方位角数据,完成后视定向步骤,如图 9.10、图 9.11 所示。其后续操作与选用"坐标定后视"的操作步骤完全一致。

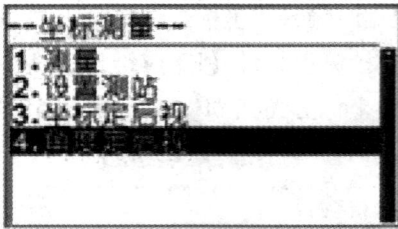

图 9.10 全站仪"坐标测量"菜单界面

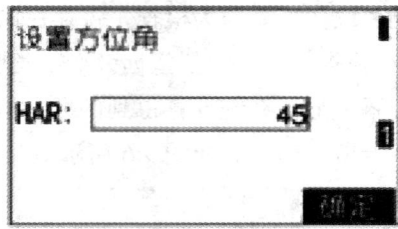

图 9.11 全站仪"坐标测量"设置方位角界面

## 9.5 实训项目的练习开展

以 6 人为一小组,将全班学生分成若干小组。每个小组领取全站仪 1 台套,每两人相互配合开展本项目的实训练习。

在地面选定 A、B 两点,此两点坐标均为已知点,选取其中一点为测站点,另一点为后视点。在地上指定几个点,要求学生测量这些点的坐标。

# 项目 10　全站仪放样测量

## 10.1　目的和要求

①了解全站仪放样测量功能的概念及意义。

②掌握华星全站仪放样测量功能的使用。

③会通过使用坐标放样测量功能解决实际问题。

## 10.2　仪器和工具

华星全站仪 1 台,对中杆 1 个,棱镜 1 个,记录表格 1 份。

## 10.3　实训内容

练习华星全站仪放样测量功能。

## 10.4　实训项目的操作步骤

在公路工程建设中,常需将工程图纸上结构物的轮廓点或轮廓线在工程实地现场找到其对应的位置,以便进行施工。全站仪"放样"功能可以解决此类问题。

使用全站仪进行地面点位放样,同全站仪坐标测量时一样,一般情况下,需要在测量区域有至少两个已知坐标点,其特点是在地面的位置固定且有明显标记,三维坐标为已知。进行放样时,选择其中一个点作为测站点。在该点架设仪器,选另外一点为后视点,在后视点上立棱镜。

假定地面有 $A$、$B$ 两个点,其在地面有固定明显标记,三维坐标均为已知。现有 $C$ 点,其坐标为已知,利用 $A$、$B$ 两个点测量找到第 3 点 $C$ 点在地面的具体位置,此工作即为"放样"。可以通过全站仪"放样"功能来完成。具体操作步骤如下:

①选 A 点作为测站点,在 A 点架设仪器,开机,对中,整平。以 B 点为后视点,在 B 点立棱镜。

②在测量模式菜单页中按【菜单】对应的 F 键,显示出功能列表,按"方向键"将光标移至数字 2 对应的"放样"功能,按【ENT】键,进入"放样"界面。按"方向键"将光标移至数字 5 对应的"设置测站"选项。此处操作与"项目 9 中步骤④"基本相同。

按【ENT】键(或直接按数字键 5),进入测站数据输入界面,屏幕中"NO""EO""ZO"分别对应测站点的 X、Y、Z 坐标,输入 A 点的三维坐标,用卷尺从全站仪横轴中心位置量取至地面 A 点间的高度为仪器高,输入仪器中。目标高即棱镜高度,在棱镜上可直接读取,输入仪器中,测站点数据全部输入仪器。若 A 点的坐标在测量前已经存入仪器内存中,则可以按【取值】对应的 F 键,直接从仪器内存中读取 A 点坐标,无须手动输入。

③按【确定】对应的 F 键,结束测站数据输入操作,仪器屏幕显示返回到放样菜单屏幕。

④按"方向键"将光标移至数字 6 对应的"坐标定后视"选项,按【ENT】键(或直接按数字键 6),进入后视点数据输入界面,屏幕中"NBS""EBS""ZBS"分别对应后视点的 X、Y、Z 坐标,输入 B 点的三维坐标,同时输入点名,如图 9.5 所示。同设置测站时一样,若 B 点的坐标在测量前已经存入仪器内存中,则可以按【取值】对应的 F 键,直接从仪器内存中读取 B 点坐标,无须手动输入。

⑤按【确定】对应的 F 键,结束后视点数据输入操作。仪器系统根据输入的测站点坐标和后视点坐标进行坐标反算,计算出 A、B 两点连线的坐标方位角和距离,同时系统提示"请照准后视"。若不想进行后视检查,按【ESC】键跳过后视检查操作,此时已经设置完成了后视方位角,不影响后续操作。但为检查是否存在输入坐标数据时输错或坐标数据精度不高等问题,一般需做后视检查。将全站仪望远镜十字丝照准后视点棱镜中心,按【ENT】键,进入后视检查界面,仪器屏幕上显示系统计算得到的 A、B 两点连线的坐标方位角"HAR"和"计算 HD"。

⑥按【测量】对应的 F 键,对后视点进行测量,仪器屏幕上显示实测的 A 点至 B 点的水平距离"HD","dHD"为 A、B 两点间的实测距离与根据两点坐标反算得到的距离之差值。若"dHD"较大,则需返回到前面操作步骤界面检查测站点和后视点的坐标数据是否存在输入错误。若检查坐标数据输入不存在错误,则需检核提供的测站点和后视点坐标数据是否错误或精度是否符合要求。

⑦完成后视检查后,按【是】对应的 F 键,仪器屏幕显示返回到放样菜单屏幕,如图 10.1 所示。按"方向键"将光标移至数字 2 对应的"坐标放样"选项,按【ENT】键(或直接按数字键 2),进入坐标放样输入界面,屏幕中"N""E""Z"分别对应放样点的 X、Y、Z 坐标,输入 C 点的三维坐标及目标高,按【确定】对应的 F 键,进入坐标数据显示屏幕,如图 10.2 所示。

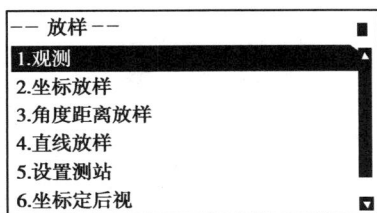

图 10.1　全站仪"放样"菜单界面

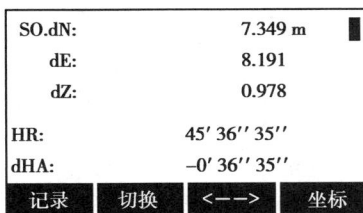

图 10.2　全站仪"放样"坐标数据显示界面

⑧按【<-->】键,屏幕显示切换到放样引导界面,显示各方向的差值及引导方向,如图 10.3 所示。

第 1 行:角度差。箭头所指方向即为全站仪照准部需转动的角度,转动照准部至第一行数据接近 0°0′0″时,拧紧水平制动螺旋,转动水平微动螺旋。在这个过程中,第一行的角度值不断发生变化。观察该角度值,当该角度值变为 0°0′0″时,保持全站仪照准部在水平方向上不再运动,则此时要找的 $C$ 点就在照准部望远镜所瞄准的方向上。指挥持棱镜者在左右方向上移动棱镜,直至棱镜中心或棱镜杆的杆尖正好位于望远镜十字丝的中心。

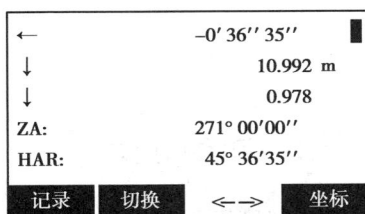

图 10.3　全站仪"放样"方向及距离引导界面

第 2 行:平距差。提示棱镜向着仪器方向或远离仪器方向应移动的距离。↓表示向仪器方向移动棱镜;↑表示远离仪器方向移动棱镜。

棱镜位于望远镜十字丝照准的位置上后,十字丝照准棱镜中心,按【坐标】对应的 F 键,仪器测量至棱镜的距离,第二行的数据发生变化。指挥持棱镜者在望远镜十字丝照准的方向前后移动(在移动过程中,一定要保持棱镜中心位于全站仪望远镜十字丝中心位置),移动棱镜后,再按【坐标】对应的 F 键,再次测距。又根据第二行显示的方向和数据指挥持棱镜者移动棱镜,直至第二行数据显示为"0.000",此时棱镜尖所处的地面位置就是要放样的 $C$ 点的平面位置。

第 3 行:垂直高度差。提示棱镜在垂直高度方向应上升或下降的距离。若要放样出 $C$ 点的高程值,则需参考第 3 行的数据,即根据本行数据提示,垂直向上或向下移动棱镜。当本行数据显示为"0.000"时,棱镜尖所在的位置即为要找的 $C$ 点在高度上的位置。

至此,放样 $C$ 点的工作便完成了。

## 10.5　实训项目的练习开展

以 6 人为一小组,将全班学生分成若干小组。每个小组领取全站仪 1 台套,每两人相互配合开展本项目的实训练习。

在地面选定 $A$、$B$ 两点,此两点坐标均为已知点,选取其中一点为测站点,另一点为后视点。给学生提供几个点的坐标值,要求学生利用放样功能在地面上找到这些点,并做出标记。

# 项目 11 导线测量

## 11.1 目的和要求

①了解导线测量的概念及作用。
②掌握导线测量的外业测量方法。
③掌握导线测量的内业计算方法。

## 11.2 仪器和工具

全站仪 1 台,棱镜头 2 个,脚架 3 个,导线测量记录手簿 1 份,导线近似平差计算表 1 份,导线点成果表 1 份。

## 11.3 实训内容

①学习闭合导线测量的外业测量方法。
②学习闭合导线测量的内业计算。

## 11.4 实训项目的理论基础

### 11.4.1 概述

导线测量是平面控制测量的一种方法。由测区内选定的若干个控制点组成的连续折线称为导线,如图 11.1 所示。折线的转折点(在地面选定的控制点)$A$、$B$、$C$、$E$、$F$ 称为导线点;两两相邻的导线点连接的直线边称为导线边,如图中 $D_{AB}$、$D_{BC}$、$D_{CE}$、$D_{EF}$ 边均为导线边;相邻两直线所夹的水平角称为转折角,如图中 $\beta_B$、$\beta_C$、$\beta_E$ 均为转折角,其中 $\beta_B$、$\beta_E$ 在导线前进方向的左侧,称为左角;$\beta_C$ 在导线前进方向的右侧,称为右角;$\alpha_{AB}$ 称为起始边 $D_{AB}$ 的坐标方位角。

导线测量是以起始点的已知坐标和起始边的坐标方位角为起算数据,测定各导线边长及其转折角,计算得到各导线点的坐标。

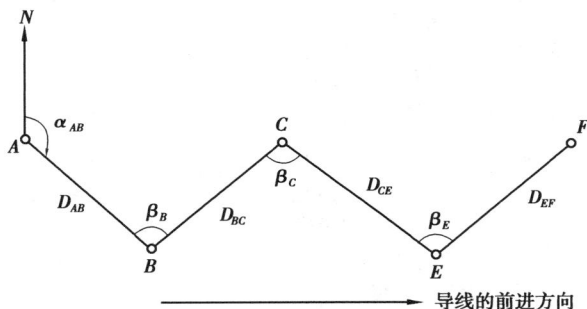

图 11.1　导线示意图

### 11.4.2　导线的形式

根据测区的情况和要求,导线一般布设成以下几种常用形式:

(1)闭合导线

测量路线由一个坐标已知的控制点出发,沿导线前进方向顺序测量若干条导线边长和若干个转折角后,最后回到该控制点,测量路线组成一个闭合多边形,这样的导线称为闭合导线,如图 11.2(a)所示。闭合导线通常适用于面积较宽阔的独立地区做测图控制。

(2)附合导线

测量路线由一个坐标已知的控制点出发,沿导线前进方向顺序测量若干条导线边长和若干个转折角后,路线终止于另一个坐标已知的控制点,这样的导线称为附合导线,如图 11.2(b)所示。附合导线通常适用于带状地区的测图控制,广泛应用于公路、铁路、管道、河道等工程的勘测与施工中。

(3)支导线

测量路线由一个坐标已知的控制点出发,沿导线前进方向顺序测量若干条导线边长和若干个转折角后,既不附合到另一个已知点,也不回到原来出发的点,这样的导线称为支导线,如图 11.2(c)所示。在支导线中,没有已知点进行校核,不易发现测量错误。此种导线形式多用于图根控制补点使用,且导线的点数一般不得超过 4 个。

### 11.4.3　导线的等级

除国家精密导线外,在公路工程测量中,根据测区范围和精度要求,导线测量可分为三等、四等、一级、二级和三级导线 5 个等级。各级导线测量的技术要求见表 11.1。

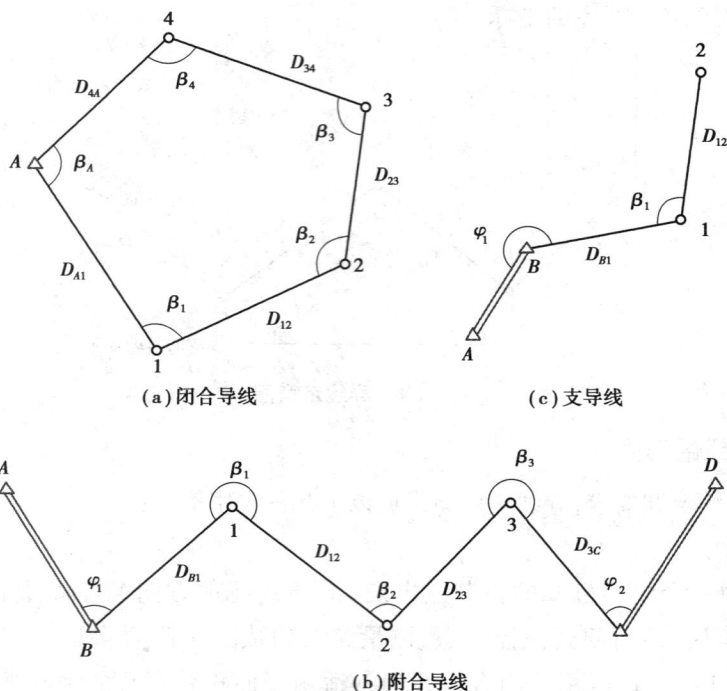

（a）闭合导线　　　　　　　　　（c）支导线

（b）附合导线

图 11.2　导线的布置形式示意图

表 11.1　导线测量的技术要求

| 等级 | 附合导线长度/km | 平均边长/km | 每边测距中误差/mm | 测角中误差/(″) | 导线全长相对闭合差 | 方位角闭合差/(″) | 测回数 | | |
|------|------|------|------|------|------|------|------|------|------|
| | | | | | | | DJ$_1$ | DJ$_2$ | DJ$_6$ |
| 三等 | 30 | 2.0 | 13 | 1.8 | 1/55 000 | $\pm 3.6\sqrt{n}$ | 6 | 10 | — |
| 四等 | 20 | 1.0 | 13 | 2.5 | 1/35 000 | $\pm 5\sqrt{n}$ | 4 | 6 | — |
| 一级 | 10 | 0.5 | 17 | 5.0 | 1/15 000 | $\pm 10\sqrt{n}$ | — | 2 | 4 |
| 二级 | 6 | 0.3 | 30 | 8.0 | 1/10 000 | $\pm 16\sqrt{n}$ | — | 1 | 3 |
| 三级 | — | — | — | 20.0 | 1/2 000 | $\pm 30\sqrt{n}$ | — | 1 | 2 |

### 11.4.4　导线测量的外业工作

导线测量的工作分外业和内业。外业工作一般包括踏勘选点及建立标志、测角和量边；内业工作是以已知点的坐标或已知方位角作为起算数据，对外业的观测数据进行处理、计算，最后求得各导线点的平面直角坐标。导线测量的外业工作具体如下：

（1）踏勘选点及建立标志

导线点位置的选择，除了满足导线的等级、用途及工程的特殊要求外，选点前应进行实地踏勘，根据地形情况和已有控制点的分布等确定布点方案，并在实地选定位置。在实地选点时应注意以下几点：

①导线点应选在地势较高、视野开阔的地点，便于施测周围地形。

②相邻两导线点间要互相通视，便于测量水平角。

③导线应沿着平坦、土质坚实的地面设置，以便于丈量距离。

④导线边长要选得大致相等，相邻边长不应相差过大。

⑤导线点位置须能安置仪器，便于保存。

⑥导线点应尽量靠近路线位置。

导线点位置选好后要在地面上标定下来，一般方法是打一木桩并在桩顶中心钉一小铁钉。对于需要长期保存的导线点，则应埋入石桩或混凝土桩，桩顶刻凿十字或浇入锯有十字的钢筋作标志。

为了便于日后寻找使用，最好将重要的导线点及其附近的地物绘成草图，注明尺寸，见表11.2。

表 11.2　导线点及其附近地物草图

| 草图 | 导线点 | 相关位置 | |
| --- | --- | --- | --- |
| | $P_3$ | 李　庄 | 7.23 m |
| | | 化肥厂 | 8.15 m |
| | | 独立树 | 6.14 m |
| | | | |
| | | | |

（2）测角

导线的水平角即转折角，是用经纬仪按测回法进行观测的。在导线点上可以测量导线前进方向的左角或右角。一般在附合导线中，测量导线的左角，在闭合导线中均测内角。当导线与高级点连接时，需测出各连接角，如图 11.2(b) 中的 $\varphi_1$、$\varphi_2$ 角。如果是在没有高级点的独立地区布设导线时，测出起始边的方位角以确定导线的方向，或假定起始边方位角。

（3）量距

导线采用普通钢尺丈量导线边长或用全站仪进行导线边长测量。

### 11.4.5　导线测量的内业计算

导线测量的最终目的是要获得各导线点的平面直角坐标,外业工作结束后就要进行内业计算,以求得导线点的坐标。

1)坐标计算的基本公式

(1)坐标正算

坐标正算是指已知点 $A$ 的坐标$(X_A,Y_A)$,已知点 $A$ 与点 $B$ 间的水平距离$D_{AB}$ 及 $AB$ 连线的坐标方位角 $\alpha_{AB}$,利用这些已知数据,计算得到点 $B$ 的坐标$(X_B,Y_B)$。

如图 11.3 所示,设 $A$ 为已知点,$B$ 为未知点,当 $A$ 点的坐标$(X_A,Y_A)$和边长 $D_{AB}$、坐标方位角 $\alpha_{AB}$ 均为已知时,则可求得 $B$ 点的坐标$(X_B,Y_B)$。由图可知

$$\left. \begin{array}{l} X_B = X_A + \Delta X_{AB} \\ Y_B = Y_A + \Delta Y_{AB} \end{array} \right\} \tag{11.1}$$

其中,$\Delta X_{AB}$、$\Delta Y_{AB}$称为坐标增量,其计算公式为

$$\left. \begin{array}{l} \Delta X_{AB} = D_{AB} \cdot \cos \alpha_{AB} \\ \Delta Y_{AB} = D_{AB} \cdot \sin \alpha_{AB} \end{array} \right\} \tag{11.2}$$

式中,$\Delta X_{AB}$、$\Delta Y_{AB}$的正负号应根据 $\cos \alpha_{AB}$、$\sin \alpha_{AB}$的正负号决定,故式(11.1)又可写成

$$\left. \begin{array}{l} X_B = X_A + D_{AB} \cdot \cos \alpha_{AB} \\ Y_B = Y_A + D_{AB} \cdot \sin \alpha_{AB} \end{array} \right\} \tag{11.3}$$

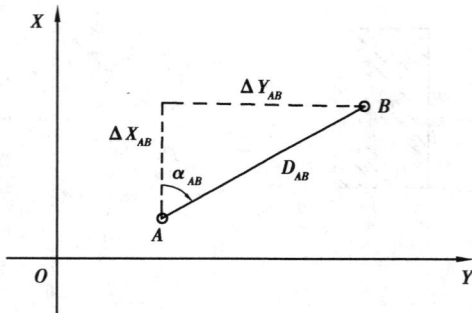

图 11.3　导线坐标计算示意图

(2)坐标反算

坐标反算是指已知点 $A$、点 $B$ 的坐标 $A(X_A,Y_A)$、$B(X_B,Y_B)$,根据这两点的坐标计算得到点 $A$ 与点 $B$ 间的水平距离$D_{AB}$ 及 $AB$ 连线的坐标方位角 $\alpha_{AB}$。

如图 11.3 所示,若设 $A$、$B$ 为两已知点,其坐标分别为$(X_A,Y_A)$和$(X_B,Y_B)$,则可得

$$\tan \alpha_{AB} = \frac{\Delta Y_{AB}}{\Delta X_{AB}} \tag{11.4}$$

$$D_{AB} = \frac{\Delta Y_{AB}}{\sin \alpha_{AB}} = \frac{\Delta X_{AB}}{\cos \alpha_{AB}} \tag{11.5}$$

或
$$D_{AB} = \sqrt{(\Delta X_{AB})^2 + (\Delta Y_{AB})^2} \qquad (11.6)$$

上式中，$\Delta X_{AB} = X_B - X_A$，$\Delta Y_{AB} = Y_B - Y_A$。

由式(11.4)可求得 $\alpha_{AB}$，$\alpha_{AB}$ 求得后，又可由式(11.5)算出两个 $D_{AB}$，并作相互校核。如果仅尾数略有差异，取中数作为最后的结果。

需要指出的是：按式(11.4)计算出来的坐标方位角是有正负号的，因此，还应按坐标增量 $\Delta X$ 和 $\Delta Y$ 的正负号最后确定 $AB$ 边的坐标方位角。即若按式(11.4)计算的坐标方位角为

$$\alpha' = \arctan \frac{\Delta Y}{\Delta X} \qquad (11.7)$$

则 $AB$ 边的坐标方位角 $\alpha_{AB}$ 如图 11.4 所示：

在第 Ⅰ 象限，即当 $\Delta X > 0$，$\Delta Y > 0$ 时，$\alpha_{AB} = \alpha'$，$\alpha_{AB}$ 在 $0° \sim 90°$。

在第 Ⅱ 象限，即当 $\Delta X < 0$，$\Delta Y > 0$ 时，$\alpha_{AB} = 180° - \alpha'$，$\alpha_{AB}$ 在 $90° \sim 180°$。

在第 Ⅲ 象限，即当 $\Delta X < 0$，$\Delta Y < 0$ 时，$\alpha_{AB} = 180° + \alpha'$，$\alpha_{AB}$ 在 $180° \sim 270°$。

在第 Ⅳ 象限，即当 $\Delta X > 0$，$\Delta Y < 0$ 时，$\alpha_{AB} = 360° - \alpha'$，$\alpha_{AB}$ 在 $270° \sim 360°$。

也就是当 $\Delta X > 0$ 时，应给 $\alpha'$ 加 $360°$；当 $\Delta X < 0$ 时，应给 $\alpha'$ 加 $180°$ 才是所求 $AB$ 边的坐标方位角。

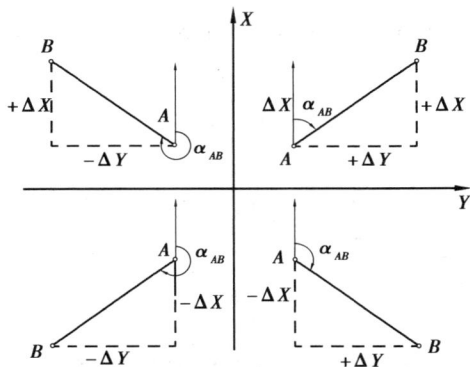

图 11.4  导线 $AB$ 边的坐标方位角象限图

2) 坐标方位角的推算

为了计算导线点的坐标，首先应推算出导线各边的坐标方位角(以下简称方位角)。如果导线和国家控制点或测区的高级点进行了连接，则导线各边的方位角是由已知边的方位角来推算；如果测区附近没有高级控制点可以连接，称为独立测区，则需测量起始边的方位角，再以此观测方位角来推算导线各边的方位角。

如图 11.5 所示，设 $A$、$B$、$C$ 为导线点，$AB$ 边的方位角 $\alpha_{AB}$ 为已知，导线前进方向为 $A$—$B$—$C$ 点，测量导线点 $B$ 的左角为 $\beta_{左}$，现在来推算 $BC$ 边的方位角 $\alpha_{BC}$。

由正反方位角的关系，可知

$$\alpha_{BC} = \alpha_{AB} - 180°$$

59

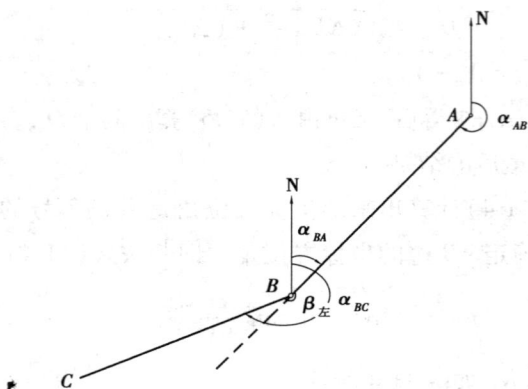

**图 11.5　坐标方位角推算示意图**

从图 11.5 中可知

$$\alpha_{BC} = \alpha_{AB} + \beta_{左} = \alpha_{AB} - 180° + \beta_{左} \tag{11.8}$$

方位角的取值范围为 $0° \sim 360°$,当用式(11.8)计算出的方位角大于 $360°$ 时,减去 $360°$ 即可。

当用右角推算方位角时,如图 11.6 所示,$A$、$B$、$C$ 为导线点,$AB$ 边的方位角 $\alpha_{AB}$ 为已知,导线前进方向为 $A—B—C$ 点,测量导线点 $B$ 的右角为 $\beta_{右}$,推算 $BC$ 边的方位角 $\alpha_{BC}$。

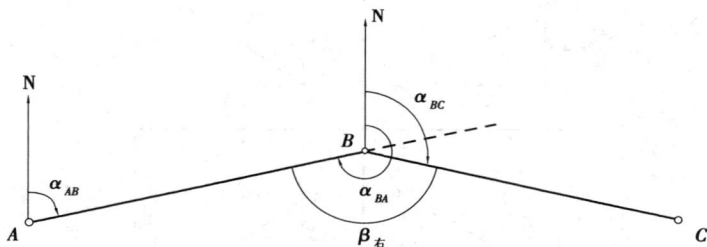

**图 11.6　坐标方位角推算示意图**

从图中可以看出

$$\alpha_{BC} = \alpha_{AB} + 180° - \beta_{右} \tag{11.9}$$

用式(11.9)计算 $\alpha_{BC}$ 时,如果 $\alpha_{AB} + 180°$ 后仍小于 $\beta_{右}$,则应加 $360°$ 后再减 $\beta_{右}$。

根据上述推导,得到导线边坐标方位角的一般推算公式为

$$\alpha_{前} = \alpha_{后} \pm \beta \mp 180° \tag{11.10}$$

式中　$\alpha_{前}$、$\alpha_{后}$——导线点的前边方位角和后边方位角。

如图 11.7 所示,在导线点 $B$ 处有两条导线边 $AB$ 和 $BC$ 边,根据导线的前进方向为依据判断,测量导线行进路线是 $A—B—C$,则 $BC$ 边位于 $AB$ 边的前方,因此,$AB$ 边是导线点 $B$ 的后边,其方位角为 $\alpha_{后}$;$BC$ 边是前边,其方位角为 $\alpha_{前}$。

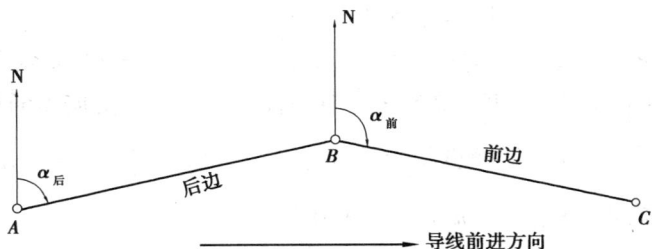

**图 11.7　坐标方位角推算标准图**

式中的"$\pm\beta\mp180°$"项,若 $\beta$ 角是左角,则应取 $+\beta-180°$;若 $\beta$ 角是右角,则应取 $-\beta+180°$。

3)闭合导线的坐标计算

(1)角度闭合差的计算与调整

闭合导线是一个 $n$ 边形,如图 11.8 所示。在几何上,$n$ 边形内角和的理论值计算公式为

$$\sum\beta_{理} = 180°\cdot(n-2)$$

在实际测量工作中,由于测角误差不可避免,所测导线内角和的实测值一般情况下都不等于内角和的理论值,称其两者的差值为角度闭合差,以 $f_\beta$ 来表示,则

$$f_\beta = \sum\beta_{测} - \sum\beta_{理}$$

或　　　　　　　　　$$f_\beta = \sum\beta_{测} - (n-2)\cdot180° \qquad\qquad (11.11)$$

式中　$n$ ——闭合导线的转折角数;

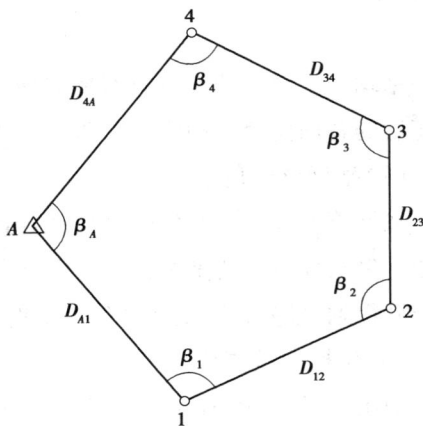

**图 11.8　闭合导线示意图**

$\sum\beta_{测}$ —— 观测角的总和。

算出角度闭合差之后,将其与角度闭合差容许值 $f_{\beta允}$ 进行比较。一般情况下,$f_{\beta允}$ 可由下式计算

$$f_{\beta允} = \pm40''\sqrt{n}\ (n\ \text{为角度个数})$$

如果 $f_\beta$ 值不超过 $f_{\beta允}$,说明角度观测精度符合要求,则可进行角度闭合差调整,使调整后的角值满足理论上的要求。

一般而言,导线测量均是相同的观测人员使用相同的仪器和方法进行测量工作,即可认为各类数据是在相同的观测条件下测量得到。对于每一个测得的导线转折角而言,可以认为观测产生的误差大致相同。在计算各转折角的改正数时,可将角度闭合差取相反数,再将该相反数平均分配于各个观测内角。设以 $V_{\beta i}$ 表示各观测角的改正数,$\beta_{测i}$ 表示观测角,$\beta_i$ 表示改正后的角值,则

$$V_{\beta i} = -\frac{f_\beta}{n} \qquad\qquad (11.12)$$

$$\beta_i = \beta_{测i} + V_{\beta i}(i = 1, 2, \cdots, n)$$

当式(11.12)不能整除,有余数时,考虑在测量短边相邻的角时,测角受仪器对中、照准目标等因素影响易产生更大误差,可将余数凑整到分配给导线中短边所夹的角。

各内角的改正数之和应等于角度闭合差,但符号相反,即 $\sum V_{\beta} = -f_{\beta}$。改正后的各内角值之和应等于理论值,即 $\sum \beta_i = (n - 2) \cdot 180°$。

例如,测量一个四边形闭合导线的 4 个内角,其观测值总和 $\sum \beta_{测} = 359°59'30''$。

由多边形内角和公式计算可知

$$\sum \beta_{理} = (4 - 2) \cdot 180° = 360°$$

计算角度闭合差为

$$f_{\beta} = \sum \beta_{测} - \sum \beta_{理} = -30''$$

计算角度闭合误差的容许值为

$$f_{\beta允} = \pm 40'' \sqrt{n} = \pm 40'' \sqrt{4} = \pm 1'20''$$

$-30'' < +1'20''$,即角度闭合差小于闭合差容许值,则认为测角精度满足要求,可以进行角度闭合差分配。若此处角度闭合差大于角度闭合误差的容许值,即 $f_{\beta} > f_{\beta允}$,则应重测,直至满足精度要求。

依照式(11.12)得各角的改正数为

$$V_{\beta i} = -\frac{f_{\beta}}{n} = -\frac{-30''}{4} = +7.5''$$

平均分配求得的改正数不是整秒,分配时每个角平均分配 +7″,短边角的改正数为 +8″。改正后的各内角值之和应等于 360°。

(2)坐标方位角推算

在计算各导线点的坐标时,需用到每条导线边起点的坐标和该条导线边的边长及坐标方位角。每条导线边的坐标方位角可以由导线起始边的坐标方位角 $\alpha_{AB}$ 及改正后的内角值 $\beta_i$ 逐一推算得到,推算各边坐标方位角可按式(11.10)依次进行。

(3)坐标增量的计算

如图 11.9 所示,在平面直角坐标系中,$A$、$B$ 两点坐标分别为 $A(X_A, Y_A)$ 和 $B(X_B, Y_B)$。它们相应的坐标差称为坐标增量,分别以 $\Delta X$ 和 $\Delta Y$ 表示,从图中可知

$$\begin{cases} X_B - X_A = \Delta X_{AB} \\ Y_B - Y_A = \Delta Y_{AB} \end{cases}$$

或

$$\begin{cases} X_B = X_A + \Delta X_{AB} \\ Y_B = Y_A + \Delta Y_{AB} \end{cases} \tag{11.13}$$

导线边 $AB$ 的距离为 $D_{AB}$,其方位角为 $\alpha_{AB}$,则

$$\left.\begin{aligned}\Delta X_{AB} &= D_{AB} \cdot \cos \alpha_{AB}\\ \Delta Y_{AB} &= D_{AB} \cdot \sin \alpha_{AB}\end{aligned}\right\} \tag{11.14}$$

$\Delta X_{AB}$、$\Delta Y_{AB}$ 的正负号从图 11.10 中可知,当导线边 $AB$ 位于不同的象限,其纵、横坐标增量的符号也不同。也就是当 $\alpha_{AB}$ 在 $0° \sim 90°$（第 I 象限）时,$\Delta X$、$\Delta Y$ 的符号均为正,$\alpha_{AB}$ 在 $90° \sim 180°$（第 II 象限）时,$\Delta X$ 为负,$\Delta Y$ 为正;当 $\alpha_{AB}$ 在 $180° \sim 270°$（第 III 象限）时,它们的符号均为负;当 $\alpha_{AB}$ 在 $270° \sim 360°$（第 IV 象限）时,$\Delta X$ 为正,$\Delta Y$ 为负。

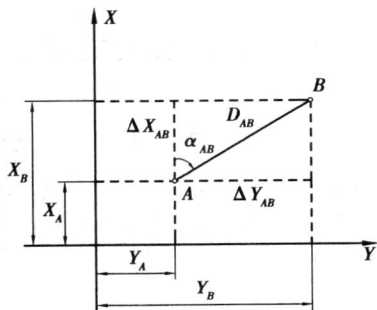

图 11.9　坐标增量计算示意图　　图 11.10　不同象限导线边坐标方位角示意图

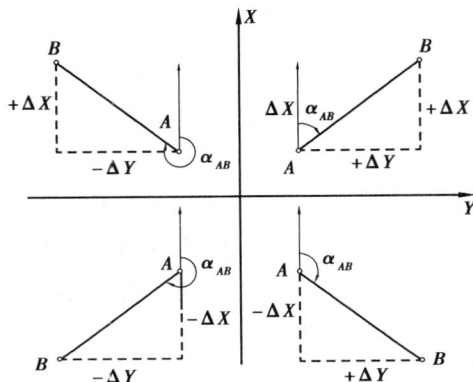

（4）坐标增量闭合差的计算与调整

①坐标增量闭合差的计算。

如图 11.11 所示,导线边的坐标增量可以看作在坐标轴上的投影线段。从理论上讲,闭合多边形各边在 $X$ 轴上的投影,其 $+X$ 的总和与 $-\Delta X$ 的总和应相等,即各边纵坐标增量的代数和应等于零。同样在 $Y$ 轴上的投影,其 $+\Delta Y$ 的总和与 $-\Delta Y$ 的总和也应相等,即各边横坐标量的代数和也应等于零。也就是说闭合导线的纵、横坐标增量之和在理论上应满足下述关系:

$$\sum \Delta X_{理} = 0$$
$$\sum \Delta Y_{理} = 0 \tag{11.15}$$

但因测角和量距都不可避免地有误差存在,所以根据观测结果计算的 $\sum \Delta X_{算}$、$\sum \Delta Y_{算}$ 都不等于零,而等于某一个数值 $f_X$ 和 $f_Y$,即

$$\sum \Delta X_{算} = f_X$$
$$\sum \Delta Y_{算} = f_Y \tag{11.16}$$

式中　$f_X$——纵坐标增量闭合差;

　　　$f_Y$——横坐标增量闭合差。

从图 11.12 中可知 $f_X$ 和 $f_Y$ 的几何意义。由于 $f_X$ 和 $f_Y$ 的存在,使得闭合多边形出现了一个缺口,起点 $A$ 和终点 $A'$ 没有重合,设 $AA'$ 的长度为 $f_D$,称为导线的全长闭合差,而 $f_X$ 和 $f_Y$ 正好是 $f_D$ 在纵、横坐标轴上的投影长度。故

$$f_D = \sqrt{f_X^2 + f_Y^2} \qquad (11.17)$$

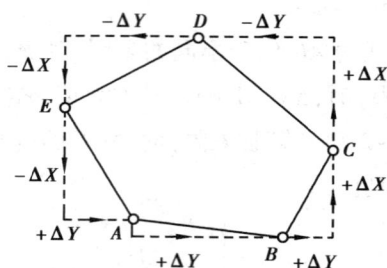

图 11.11　闭合导线坐标增量示意图　　图 11.12　闭合导线坐标增量闭合差示意图

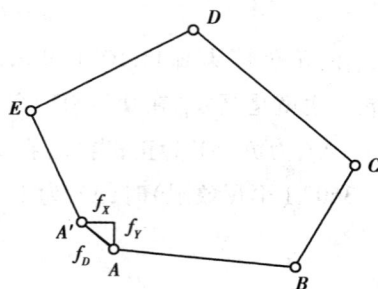

②导线精度的衡量。

导线全长闭合差 $f_D$ 的产生,是由于测角和量距中有误差存在的缘故,所以一般用它来衡量导线的观测精度。可是导线全长闭合差是一个绝对闭合差,且导线越长,所量的边数与所测的转折角数就越多,影响全长闭合差的值也就越大,须采用相对闭合差来衡量导线的精度。设导线的总长为 $\sum D$,则导线全长相对闭合差 $K$ 为

$$K = \frac{f_D}{\sum D} = \frac{1}{\sum D / f_D} \qquad (11.18)$$

若 $K \leqslant K_{允}$,则表明导线的精度符合要求,否则应查明原因进行补测或重测。

③坐标增量闭合差的调整。

如果导线的精度符合要求,即可将增量闭合差进行调整,使改正后的坐标增量满足理论上的要求。由于是等精度观测,所以增量闭合差的调整原则是将它们以相反的符号按与边长成正比例分配在各边的坐标增量中。设 $V_{\Delta X_i}$、$V_{\Delta Y_i}$ 分别为纵、横坐标增量的改正数,即

$$\left. \begin{aligned} V_{\Delta X_i} &= -\frac{f_X}{\sum D} D_i \\ V_{\Delta Y_i} &= -\frac{f_Y}{\sum D} D_i \end{aligned} \right\} \qquad (11.19)$$

式中　$\sum D$——导线边长总和;

　　　$D_i$——导线某边长($i = 1, 2, \cdots, n$)。

所有坐标增量改正数的总和,其数值应等于坐标增量闭合差而符号相反,即

$$\left. \begin{aligned} \sum V_{\Delta X} &= V_{\Delta X_1} + V_{\Delta X_2} + \cdots + V_{\Delta X_n} = -f_X \\ \sum V_{\Delta Y} &= V_{\Delta Y_1} + V_{\Delta Y_2} + \cdots + V_{\Delta Y_n} = -f_Y \end{aligned} \right\} \qquad (11.20)$$

改正后的坐标增量应为

$$\begin{aligned} \Delta X_i &= \Delta X_{算_i} + V_{\Delta X_i} \\ \Delta Y_i &= \Delta Y_{算_i} + V_{\Delta Y_i} \end{aligned} \qquad (11.21)$$

（5）坐标推算

用改正后的坐标增量,可以从导线起点的已知坐标依次推算其他导线点的坐标,即

$$\left.\begin{array}{l} X_i = X_{i-1} + \Delta X_{i-1,i} \\ Y_i = Y_{i-1} + \Delta Y_{i-1,i} \end{array}\right\} \tag{11.22}$$

4）附合导线的坐标计算

附合导线的坐标计算方法与闭合导线基本相同,但由于布置形式不同,且附合导线两端与已知点相连,因此,只是角度闭合差与坐标增量闭合差的计算公式有些不同。

（1）角度闭合差的计算

如图 11.13 所示,布设一条附合导线,导线与高级控制点 $A$、$B$ 和 $C$、$D$ 连接,控制点 $A$、$B$、$C$、$D$ 的坐标均已知,连接角为 $\varphi_1$ 和 $\varphi_2$。

计算附合导线角度闭合差过程如下:

根据坐标反算公式[式(11.7)]求出导线起始边坐标方位角 $\alpha_{AB}$ 和终边坐标方位角 $\alpha_{CD}$,按照式(11.10),由导线起始边方位角 $\alpha_{AB}$ 及连接角 $\varphi_1$ 推算出 $\alpha_{B1}$,再由 $\alpha_{B1}$ 及转折角 $\beta_1$ 推算出 $\alpha_{12}$,如此逐一推算出各导线边的坐标方位角,直至推算出终边的方位角 $\alpha'_{CD}$。在理论上讲,推算出的方位角 $\alpha'_{CD}$(实测值)应与反算求得的方位角 $\alpha_{CD}$(理论值)相等,但由于在测角、测距过程中都不可避免地存在测量误差,因此,一般情况下推算的 $\alpha'_{CD}$ 与根据坐标反算得到的 $\alpha_{CD}$ 不可能相等,两者的差数称为附合导线的角度闭合差,角度闭合差一般以 $f_\beta$ 表示为

$$f_\beta = \alpha'_{CD} - \alpha_{CD} \tag{11.23}$$

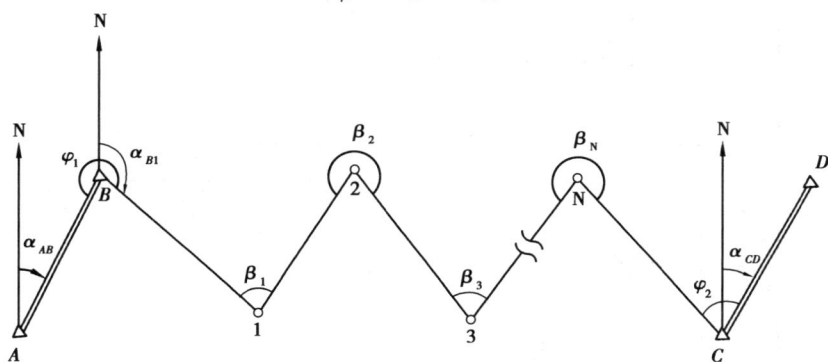

图 11.13　附和导线示意图

终边坐标方位角 $\alpha'_{CD}$ 的推算方法可用式(11.10)推求,也可用下列公式直接计算出终边坐标方位角。

用观测导线的左角来计算方位角,其公式为

$$\alpha'_{CD} = \alpha_{AB} - n \cdot 180° + \sum \beta_{左} \tag{11.24}$$

用观测导线的右角来计算方位角,其公式为

$$\alpha'_{CD} = \alpha_{AB} + n \cdot 180° + \sum \beta_{右} \tag{11.25}$$

式中　$n$——转折角的个数。

附合导线角度闭合差的一般形式可写为

$$f_\beta = (\alpha_{AB} - \alpha_{CD}) \mp n \cdot 180° \begin{cases} + \sum \beta_左 \\ - \sum \beta_右 \end{cases}$$

附合导线角度闭合差的调整方法与闭合导线相同。在调整过程中,转折角的个数应包括连接角,若观测角为右角时,改正数的符号应与闭合差相同。用调整后的转折角和连接角所推算的终边方位角应等于反算求得的终边方位角。

(2)坐标增量闭合差的计算

如图 11.14 所示,附合导线各边坐标增量的代数和在理论上应等于起、终两已知点的坐标值之差,即

$$\sum \Delta X_理 = X_B - X_A$$

$$\sum \Delta Y_理 = Y_B - Y_A$$

由于测角和量边有误差存在,所以计算的各边纵、横坐标增量代数和不等于理论值,产生纵、横坐标增量闭合差,其计算公式为

$$\left. \begin{aligned} f_X &= \sum \Delta X_算 - (X_B - X_A) \\ f_Y &= \sum \Delta Y_算 - (Y_B - Y_A) \end{aligned} \right\} \tag{11.26}$$

附合导线坐标增量闭合差的调整方法以及导线精度的衡量均与闭合导线相同。

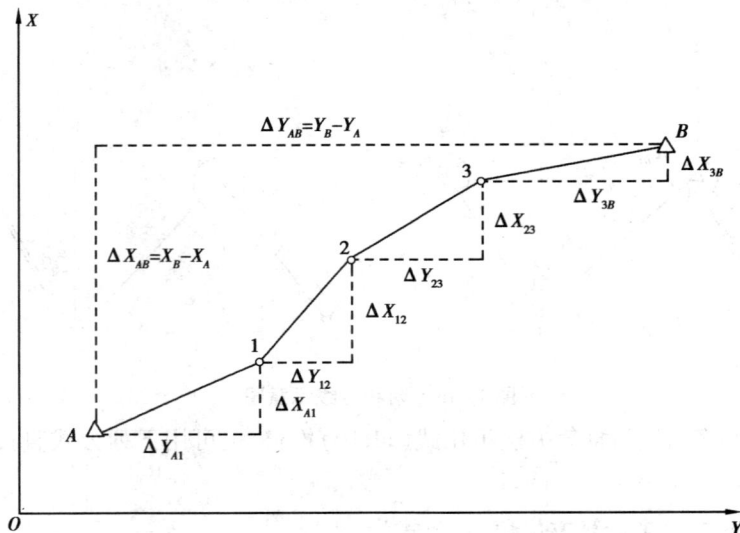

图 11.14　附合导线坐标增量示意图

闭合导线计算示例见表 11.3—表 11.6。

表11.3 闭合导线测量手簿(1)

水平角观测

| 测回数 | 目标 | 水平度盘读数/(° ' ") 盘左 | 水平度盘读数/(° ' ") 盘右 | 2C=左-(右±180°)/(") | 平均读数=[左+(右±180°)]/(° ' ") | 归零后方向值/(° ' ") | 各测回归零方向值的平均值/(° ' ") | 备注 |
|---|---|---|---|---|---|---|---|---|
| 1 | 2 | 3 | 4 | 5 | 6 | 7 | 8 | 9 |
| 1 | A₂ | 0 00 00 | 180 00 07 | -7 | 0 00 03 | 0 00 00 | | |
| | A₄ | 88 16 28 | 268 16 35 | -7 | 268 16 32 | 268 16 29 | 88 16 27 | |
| 2 | A₂ | 90 00 00 | 270 00 05 | -5 | 90 00 02 | 0 00 00 | | |
| | A₄ | 178 16 24 | 358 16 30 | -6 | 178 16 27 | 88 16 25 | | |
| 1 | A₃ | 0 00 00 | 180 00 02 | -2 | 0 00 01 | 0 00 00 | | |
| | A₁ | 78 38 20 | 258 38 22 | -2 | 78 38 21 | 78 38 20 | 78 38 21 | |
| 2 | A₃ | 90 00 00 | 270 00 00 | 0 | 90 00 00 | 0 00 00 | | |
| | A₁ | 168 38 21 | 348 38 22 | -1 | 168 38 22 | 78 38 22 | | |

| 边长 | 平距观测值 | | 平均中数 | 备注 | 边长 | 平距观测值 | | 平均中数 | 备注 |
|---|---|---|---|---|---|---|---|---|---|
| A₁ → A₂ | 1 | 144.844 | 144.843 | | A₂ → A₃ | 1 | 153.374 | 153.374 | |
| | 2 | 144.843 | | | | 2 | 153.374 | | |
| | 3 | 144.843 | | | | 3 | 153.374 | | |
| | 4 | 144.843 | | | | 4 | 153.374 | | |

表 11.4 闭合导线测量手簿(2)

水平角观测

| 测回数 | | 目标 | 水平度盘读数/(° ′ ″) | | 2C=左-(右±180°)/(″) | 平均读数=[左+(右±180°)]/(° ′ ″) | 归零后方向值/(° ′ ″) | 各测回归零方向值的平均值/(° ′ ″) | 备注 |
|---|---|---|---|---|---|---|---|---|---|
| | | | 盘左 | 盘右 | | | | | |
| 1 | 2 | | 3 | 4 | 5 | 6 | 7 | 8 | 9 |
| 1 | | $A_4$ | 0 00 00 | 179 59 59 | +1 | 0 00 01 | 0 00 00 | | |
| | | $A_2$ | 91 45 55 | 271 45 52 | +3 | 91 45 54 | 91 45 53 | 91 45 54 | |
| 2 | | $A_4$ | 90 00 00 | 270 00 01 | −1 | 90 00 01 | 0 00 00 | | |
| | | $A_2$ | 181 45 56 | 01 45 54 | +2 | 181 45 55 | 91 45 54 | | |
| 1 | | $A_1$ | 0 00 00 | 180 00 02 | −2 | 0 00 01 | 0 00 00 | | |
| | | $A_3$ | 101 19 04 | 281 19 04 | 0 | 101 19 04 | 101 19 03 | 101 19 03 | |
| 2 | | $A_1$ | 90 00 00 | 269 59 58 | +2 | 89 59 59 | 0 00 00 | | |
| | | $A_3$ | 191 19 03 | 11 19 00 | +3 | 191 19 02 | 101 19 03 | | |

| 边长 | | 平距观测值 | 备注 | | 边长 | | 平距观测值 | 平均中数 | 备注 |
|---|---|---|---|---|---|---|---|---|---|
| $A_3$ → $A_4$ | 1 | 112.240 | 平均中数 112.240 | | $A_4$ → $A_1$ | 1 | 131.723 | 131.724 | |
| | 2 | 112.241 | | | | 2 | 131.723 | | |
| | 3 | 112.240 | | | | 3 | 131.724 | | |
| | 4 | 112.239 | | | | 4 | 131.724 | | |

表 11.5　导线近似平差计算表

| 点号 | 观测角值 /(° ′ ″) | 改正数 /(″) | 改正后角值 /(° ′ ″) | 坐标方位角 /(° ′ ″) | 平距/m | 坐标增量 ΔX/m 计算值 | 改正值 | 改正后值 | 坐标增量 ΔY/m 计算值 | 改正值 | 改正后值 | 坐标值/m X | Y | 点号 | 备注 |
|---|---|---|---|---|---|---|---|---|---|---|---|---|---|---|---|
| 1 | 2 | 3 | 4 | 5 | 6 | 7 | 8 | 9 | 10 | 11 | 12 | 13 | 14 | 15 | 16 |
| $A_1$ | | | | 85 25 41 | | | | | | | | 2 940 927.373 | 344 199.594 | $A_1$ | |
| $A_2$ | 78 38 21 | +4 | 78 38 25 | 186 47 16 | 153.374 | −152.299 | −0.001 | −152.300 | −18.128 | −0.001 | −18.129 | 2 940 938.919 | 344 343.980 | $A_2$ | |
| $A_3$ | 91 45 54 | +4 | 91 45 58 | 275 01 18 | 112.240 | 9.825 | 0 | 9.825 | −111.809 | 0 | −111.809 | 2 940 786.619 | 344 325.851 | $A_3$ | |
| $A_4$ | 101 19 03 | +3 | 101 19 06 | 353 42 12 | 131.724 | 130.929 | 0 | 130.929 | −14.447 | −0.001 | −14.448 | 2 940 796.444 | 344 214.042 | $A_4$ | |
| $A_1$ | 88 16 27 | +4 | 88 16 31 | | | | | | | | | 2 940 927.373 | 344 199.594 | $A_1$ | |
| $\sum$ | 359 59 45 | −15 | 360 00 00 | | 397.338 | −11.545 | +0.001 | −11.546 | −144.384 | +0.002 | −144.386 | | | | |

辅助计算

$X_{A_1} - X_{A_2} = -11.546$

$\sum A_{测} = 359°59'45''$ 　 $Y_{A_1} - Y_{A_2} = -144.386$

$f_X = \sum X_{测} - (X_{A_1} - X_{A_2}) = +0.001$

$\sum A_{理论} = 360°$ 　 $f_A = \sum A_{测} - \sum A_{理论} = -0°00'15''$

$f_Y = \sum Y_{测} - (Y_{A_1} - Y_{A_2}) = +0.002$

全长闭合差 $f = \sqrt{f_Y^2 + f_X^2} \approx 0.002$

$\alpha_{A_1A_2} = 85°25'41''$ 　 $f_{A允} = ±40''\sqrt{n} = 80''$

$K = \dfrac{f}{\sum D} = \dfrac{0.002}{542.185} \approx \dfrac{1}{271\,093} < \dfrac{1}{14\,000}$

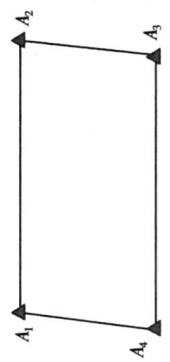

全长相对闭合差

导线略图

$A_1$　$A_2$　$A_3$　$A_4$

表 11.6　导线点坐标计算表

| 点号 | 坐标值 | |
| --- | --- | --- |
| | $X$ | $Y$ |
| 1 | 2 | 3 |
| $A_3$ | 2 940 786.619 | 344 325.851 |
| $A_4$ | 2 940 796.444 | 344 214.042 |

## 11.5　实训项目的练习开展

以 6 人为一小组,将全班学生分成若干小组。每个小组领取全站仪 1 台,棱镜头 2 个,脚架 3 个,导线测量记录手簿 1 份、导线近似平差计算表 1 份,导线点成果表 1 份。小组成员间相互配合开展本项目的实训练习。

①每一小组在校园内选定两个埋设好的 GPS 标志点作为闭合导线的已知坐标导线点,以此两点的已知坐标作为闭合导线起算数据。

②每一小组选定已知点后,在校园内合适的位置选定另外两个导线点,并做好点的标志(可将铁钉钉入地面,以铁钉的中心位置为导线点的位置)。4 个导线点构成闭合导线,每两个导线点间的距离为 100~150 m。

③用全站仪观测闭合导线的各导线边长和各转折角,记入闭合导线测量记录手簿。

④外业测量工作结束后,转入内业计算,利用测量得到的数据,完成导线近似平差计算表的计算及填写。

⑤完成导线点坐标计算表的填写。

## 11.6　实训注意事项

①每站观测结束后应立即进行计算、检核,各检核数据需满足测边长及测角的相关技术要求。若有超限则重新观测。

②角度及距离测量成果使用铅笔计算记录,应记录完整,记录的数字与文字应清晰、整洁,不得潦草;按测量顺序记录,不空栏;不空页、不撕页;不得转抄;不得涂改、就字改字;不得连环涂改;不得用橡皮擦,不得用刀片刮。

③平差计算表可以用橡皮擦,但必须保持整洁,字迹清晰,不得画改。

④错误结果与文字应单横线正规画去,在其上方写上正确的数字与文字,并在备注栏注明原因:"测错"或"记错",计算错误不必注明原因。

⑤导线测量作业的集体性很强,全组人员一定要相互合作,密切配合,相互体谅。

⑥角度记录手簿中秒值读记错误应重新观测,度、分读记错误可在现场更正,同一方向盘

左、盘右不得连环涂改。

⑦距离测量时不得提前记录重复的测量距离。厘米和毫米读记错误应重新观测,分米以上(含)数值的读记错误可在现场更正。

⑧有关一级导线测量的技术指标限差规定见表 11.7。

表 11.7　一级导线测量基本技术要求

| 水平角测量(2″级仪器) | | | 距离测量 | | |
|---|---|---|---|---|---|
| 测回数 | 同一方向值各测回较差 | 一测回内 2C 较差 | 测回数 | 读数 | 读数差 |
| 2 | 9″ | 13″ | 1 | 4 | 5 mm |
| 闭合差 | | | | | |
| 方位角闭合差 | $\leqslant \pm 10''\sqrt{n}$ | | | | |
| 导线相对闭合差 | $\leqslant 1/14\ 000$ | | | | |

注:表中 $n$ 为测站数。

## 11.7　记录、计算表格

将测量计算数据填入表 11.8—表 11.10 中。

71

表 11.8　闭合导线测量记录手簿

水平角观测

| 测回数 | 目标 | 水平度盘读数/(° ′ ″) | | 2C=左-(右±180°)/(″) | 平均读数=[左+(右±180°)]/(° ′ ″) | 归零后方向值/(° ′ ″) | 各测回归零方向值的平均值/(° ′ ″) | 备注 |
|---|---|---|---|---|---|---|---|---|
| | | 盘左 | 盘右 | | | | | |
| 1 | 2 | 3 | 4 | 5 | 6 | 7 | 8 | 9 |
| 1 | | | | | | | | |
| | | | | | | | | |
| | | | | | | | | |
| | | | | | | | | |
| | | | | | | | | |
| | | | | | | | | |
| | | | | | | | | |

| 边长 | 平距观测值 | 平均中数 | 边长 | 平距观测值 | 平均中数 | 备注 |
|---|---|---|---|---|---|---|
| → | | | → | | | |
| 1 | | | | | | |
| 2 | | | | | | |
| 3 | | | | | | |
| 4 | | | | | | |

表 11.9　导线近似平差计算表

| 点号 | 观测角值 /(° ′ ″) | 改正数 /(″) | 改正后角值 /(° ′ ″) | 坐标方位角 /(° ′ ″) | 平距/m | 坐标增量 ΔX/m | | 坐标增量 ΔY/m | | 坐标值/m | | 点号 | 备注 |
| | | | | | | 计算值 | 改正值 | 改正后值 | 计算值 | 改正值 | 改正后值 | X | Y | | |
| 1 | 2 | 3 | 4 | 5 | 6 | 7 | 8 | 9 | 10 | 11 | 12 | 13 | 14 | 15 | 16 |
| | | | | | | | | | | | | | | | |

辅助计算

导线略图

表 11.10　导线点坐标计算表

| 点号 | 坐标值 | |
|---|---|---|
| | $X$ | $Y$ |
| | | |
| | | |
| | | |

专周实训篇

# 项目 12　道路工程测量专周实训

## 12.1　目的和要求

工程测量是道路桥梁工程等交通土建类专业的一门重要的专业基础课。实训是工程测量技术教学的一个重要环节,其目的是通过系统化的技能训练,使学生掌握建筑道路工程施工测量工作的过程与方法,能够分析和解决有关施工测量技术问题,能编制道路施工测量方案,能比较熟练地独立完成道路工程施工所涉及的测量项目。通过实训,培养学生道路工程施工测量的专业能力、方法能力和社会能力。

### 12.1.1　专业能力

①能团队合作正确合理地制订建立公路工程平面控制网、高程控制网方案,能运用全站仪、水准仪等测量仪器,按相关规范标准进行方案的实施,并提供符合精度要求的成果。

②能团队合作或独立完成道路中线测量的各项工作,包括路线转角的测定、路线方位角的推算、路线圆曲线测设计算、直线曲线转角表填写、逐桩坐标计算及填表、中桩放样等。

③能团队合作完成基平测量、中平测量等外业工作;能独立完成路线平面图、纵断面图、横断面图的绘制等。

④能团队共同完成道路施工测量的各项工作。

### 12.1.2　方法能力

①具有较好的学习新知识和新技能的能力。

②具有根据具体问题做具体分析,并制订相应工作计划的能力。

③具有综合运用知识与技术从事公路工程较复杂施工测量工作的能力。

### 12.1.3　社会能力

①具有不怕苦、不怕累的工作精神,具备严谨、细致、严格遵守技术规范的职业素养。

②具有团队协作意识及妥善处理工作关系的能力。

③具有沟通与交流的能力。

④具有计划组织能力和团队协作能力。

## 12.2　仪器和工具

水准仪 1 台,脚架 1 个,水准塔尺 2 根,板尺 2 根,尺垫 2 个,四等水准测量记录表格 1 份、高程误差配赋表 1 份,水准点成果表 1 份;全站仪 1 台,棱镜头 2 个,脚架 3 个,导线测量记录手簿 1 份,导线近似平差计算表 1 份,导线点成果表 1 份。

## 12.3　实训项目

实训项目一　导线复测与加密控制点

实训项目二　四等水准路线测量(基平测量)

实训项目三　道路工程测量

　　任务 1　道路中线测量

　　任务 2　路线的纵、横断面测量

　　任务 3　施工测量(仅需对相关概念、理论知识作了解)

## 12.4　实习地点及基础资料

实训地点为×××校区校内空地,校区内已布设 GPS 点 19 个,实训中可作为已知导线点及水准点用,点位平面布置如图 12.1、表 12.1 所示。

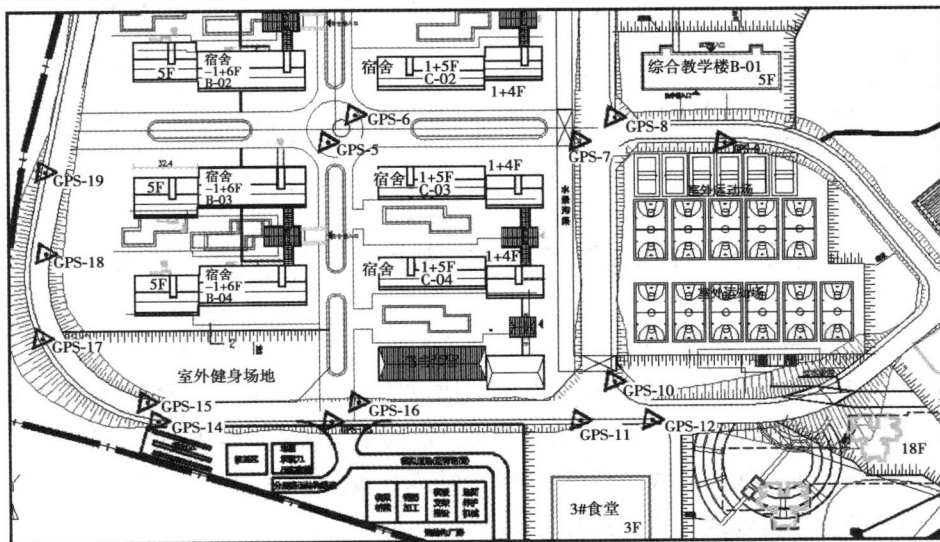

图 12.1　导线点、水准点点位平面布置图

表 12.1　导线点成果表

| 点名 | $X$ 坐标 | $Y$ 坐标 | $H$ |
|---|---|---|---|
| GPS-1 | 2 941 174.805 | 344 537.259 | 1 220.002 |
| GPS-2 | 2 941 195.318 | 344 525.143 | 1 220.001 |
| GPS-3 | 2 941 182.218 | 344 354.389 | 1 224.964 |
| GPS-4 | 2 941 161.804 | 344 326.470 | 1 224.957 |
| GPS-5 | 2 940 927.373 | 344 199.594 | 1 223.067 |
| GPS-6 | 2 940 940.637 | 344 213.252 | 1 223.127 |
| GPS-7 | 2 940 927.395 | 344 326.181 | 1 222.149 |
| GPS-8 | 2 940 938.919 | 344 343.980 | 1 223.387 |
| GPS-9 | 2 940 927.437 | 344 400.490 | 1 222.393 |
| GPS-10 | 2 940 806.769 | 344 343.584 | 1 219.517 |
| GPS-11 | 2 940 786.606 | 344 325.847 | 1 219.209 |
| GPS-12 | 2 940 786.587 | 344 361.866 | 1 218.956 |
| GPS-13 | 2 940 786.690 | 344 207.344 | 1 220.132 |
| GPS-14 | 2 940 787.266 | 344 113.211 | 1 222.744 |
| GPS-15 | 2 940 796.934 | 344 107.762 | 1 223.018 |
| GPS-16 | 2 940 796.449 | 344 214.038 | 1 220.053 |
| GPS-17 | 2 940 829.323 | 344 055.224 | 1 224.982 |
| GPS-18 | 2 940 872.277 | 344 057.348 | 1 225.900 |
| GPS-19 | 2 940 913.042 | 344 057.238 | 1 226.303 |

## 12.5　实训项目一　导线复测与加密控制点

### 12.5.1　导线复测与加密原理

公路工程进入施工阶段,常有一部分勘测时所设的交点桩或转点桩被破坏或丢失。出于工作需要,应将这些已破坏或丢失的桩进行恢复。使用全站仪进行复测,在复测过程中应对距离、角度、三维坐标进行认真复核。发现复核数据与原始数据出入较大时,应及时查明原因,必要时请原勘测单位派员到现场指点核对。

高等级公路一般应沿路线方向布设一条新的控制导线,布设的新导线一般应与原来的控制点(交点、转点)进行联测,构成附合导线,联测一方面可以获得必要的起始数据——起始坐标和起始方位角;另一方面可以对观测的数据进行校核。

如图 12.2 所示 $A$、$B$、$C$、$D$ 为原来的控制点,观测时先置全站仪于 $B(1)$ 点,观测 2 点坐标,再将全站仪置于 2 点观测 3 点坐标,依次观测最后得到 $C(n)$ 点坐标观测值。

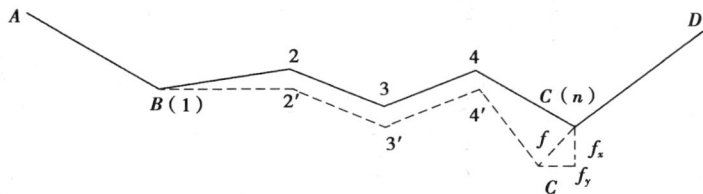

**图 12.2　全站仪复测导线示意图**

设 $C$ 点的坐标观测值为 $x'_C$、$y'_C$,其已知坐标为 $x_C$、$y_C$,则纵、横坐标增量闭合差 $f_x$、$f_y$ 为

$$f_x = x'_C - x_C, \quad f_y = y'_C - y_C$$

导线全长闭合差为

$$f = \sqrt{f_x^2 + f_y^2}$$

导线全长相对闭合差为

$$k = \frac{f}{\sum D} = \frac{1}{\sum D / f}$$

式中　$D$——导线边长;

$\quad\quad\sum D$—— 各导线长的总和(从 $B$ 点到 $C$ 点新导线总长)。

当导线全长闭合差小于规范规定的允许值时,可按下式坐标改正:

$$V_{xi} = -f_x \cdot D_i / \sum D$$

$$V_{yi} = -f_y \cdot D_i / \sum D$$

改正后坐标为

$$x_i = x'_i + V_{xi}$$

$$y_i = y'_i + V_{yi}$$

式中　$x'_C$、$y'_C$——第 $i$ 点的坐标观测值(即未改正前的坐标观测值)。

### 12.5.2　附合及测值处理算例

(1)情况介绍

××公路 A 标路线全长 3.3 km,采用独立坐标系设计施工,在靠近路线起点、终点位置分别有 GPS1、DF1、SGA4、SGA5 四个高级点,前两点及后两点分别构成导线两个基准边,并与在沿线合适位置加设的 $D_1$、$D_2$、$D_3$、$D_4$、$D_5$ 五点一起组成一条附合导线。

导线点设置后,架设全站仪以 GPS1、DF1 为起始边进行导线测量【往测】(表 12.2)后;以 SGA4、SGA5 为起始边重复测量【返测】(表 12.3)。

表 12.2　附合导线测量成果记录表（一）

| 导线点名 | 已知坐标 x | 已知坐标 y | 实测坐标 x | 实测坐标 y | 坐标增量/改正值 Δx | 坐标增量/改正值 Δy | 改正后坐标增量 Δx | 改正后坐标增量 Δy | 最终坐标 x | 最终坐标 y | 边长/m |
|---|---|---|---|---|---|---|---|---|---|---|---|
| GPS1 | 5 992.250 | 5 701.916 | | | | | | | | | |
| DF1 | 6 147.538 | 5 217.473 | | | | | | | | | |
| D₁ | | | 6 285.823 | 4 781.702 | 138.285 /-0.004 | -435.771 /0.004 | 138.281 | -435.767 | 6 285.819 | 4 781.706 | 457.185 |
| D₂ | | | 5 983.565 | 4 247.135 | -302.258 /-0.005 | -534.567 /0.005 | -302.263 | -534.562 | 5 983.556 | 4 247.144 | 614.100 |
| D₃ | | | 5 960.843 | 4 036.863 | -22.722 /-0.002 | -210.272 /0.002 | -22.724 | -210.270 | 5 960.832 | 4 036.874 | 211.525 |
| D₄ | | | 5 949.168 | 3 647.283 | -11.675 /-0.003 | -389.580 /0.003 | -11.678 | -389.577 | 5 949.154 | 3 647.297 | 389.754 |
| D₅ | | | 5 838.282 | 3 191.899 | -110.886 /-0.004 | -455.384 /0.004 | -110.890 | -855.380 | 5 838.264 | 3 191.917 | 468.686 |
| SGA5 | 6 074.528 | 3 222.930 | 6 074.548 | 3 222.910 | 236.266 /-0.002 | 31.011 /0.002 | 236.264 | 31.013 | | | 238.293 |
| SGA4 | 5 972.500 | 3 008.293 | | | | | | | | | |

$f_x = \sum \Delta x - (\text{SGA5}_x - \text{DF1}_x) = 0.020 \qquad f_y = \sum \Delta y - (\text{SGA5}_y - \text{DF1}_y) = -0.020 \qquad \sum D = 2\,379.543$

$f_D = \sqrt{f_x^2 + f_y^2} = 0.028\,3 \qquad K = f_D / \sum D = 0.028\,3/2\,379.543 \approx 1/84\,132 < 1/10\,000$

表 12.3　附合导线测量成果记录表（二）

| 导线点名 | 已知坐标 x | 已知坐标 y | 实测坐标 x | 实测坐标 y | 坐标增量/改正值 Δx | 坐标增量/改正值 Δy | 改正后坐标增量 Δx | 改正后坐标增量 Δy | 最终坐标 x | 最终坐标 y | 边长/m |
|---|---|---|---|---|---|---|---|---|---|---|---|
| SGA4 | 5 972.500 | 3 008.293 | | | | | | | | | |
| SGA5 | 6 074.528 | 3 222.930 | | | | | | | | | |
| D5 | | | 5 838.266 | 3 191.905 | −236.262 /0.002 | −31.025 /−0.003 | −236.260 | −31.028 | 5 838.268 | 3 191.902 | 238.290 |
| D4 | | | 5 949.095 | 3 647.298 | 110.829 /0.004 | 455.393 /−0.007 | 110.833 | 455.386 | 5 949.101 | 3 647.288 | 468.685 |
| D3 | | | 5 960.814 | 4 036.875 | 11.719 /0.004 | 389.577 /−0.006 | 11.723 | 389.571 | 5 960.824 | 4 036.859 | 389.753 |
| D2 | | | 5 983.503 | 4 247.161 | 22.689 /0.003 | 210.286 /−0.003 | 22.692 | 210.283 | 5 983.516 | 4 247.142 | 211.506 |
| D1 | | | 6 285.810 | 4 781.727 | 302.307 /0.006 | 534.566 /−0.009 | 302.313 | 534.557 | 6 288.829 | 4 781.699 | 614.126 |
| DF1 | 6 147.538 | 5 217.473 | 6 147.515 | 5 217.508 | −138.295 /0.004 | 435.781 /−0.007 | −138.291 | 435.774 | | | 457.198 |
| GPS1 | 5 992.250 | 5 701.916 | | | | | | | | | |

$$f_X = \sum \Delta x - (\mathrm{DF}_{1x} - \mathrm{SGA5}_x) = -0.023 \qquad f_y = \sum \Delta y - (\mathrm{DF}_{1y} - \mathrm{SGA5}_y) = 0.035 \qquad \sum D = 2\,379.558$$

$$f_D = \sqrt{f_x^2 + f_y^2} = 0.041 \qquad K = f_D / \sum D = 0.041/2\,379.558 = 1/58\,038 \approx 1/10\,000$$

将表 12.2、表 12.3 中 5 个点的坐标填写到导线点坐标计算表中并计算最终坐标（表 12.4）。

表 12.4　导线点坐标计算表

| 导线点名 | 首次测量结果 | | 重复测量结果 | | 导线点坐标 | |
|---|---|---|---|---|---|---|
| | $x$ | $y$ | $x$ | $y$ | $x$ | $y$ |
| $D_1$ | 6 285.819 | 4 781.706 | 6 288.829 | 4 781.699 | 6 285.824 | 4 781.702 |
| $D_2$ | 5 983.556 | 4 247.144 | 5 983.516 | 4 247.142 | 5 983.536 | 4 247.143 |
| $D_3$ | 5 960.832 | 4 036.874 | 5 960.824 | 4 036.859 | 5 960.828 | 4 036.871 |
| $D_4$ | 5 949.154 | 3 647.297 | 5 949.101 | 3 647.288 | 5 949.127 | 3 647.296 |
| $D_5$ | 5 838.264 | 3 191.917 | 5 838.268 | 3 191.902 | 5 838.266 | 3 191.909 |

（2）实训项目一要求

根据校园内已布设的导线点，每组在所选路线的起、终点范围内各选定两个已知导线点作为基础点，根据闭合差满足规范《工程测量规范》（GB 50026—2007）中一级导线测量要求，复测所选导线点并在路线走廊带增设满足施工放样的控制点。所增设控制点每组不少于 4 个，精度与原导线同精度增设。

（3）实训项目一需提交的成果表格

实训项目一提交的成果表格见表 12.5—表 12.7。

表 12.5　附合导线测量成果记录表（一）

| 导线点名 | 已知坐标 | | 实测坐标 | | 坐标增量/改正值 | | 改正后坐标增量 | | 最终坐标 | | 边长/m |
|---|---|---|---|---|---|---|---|---|---|---|---|
| | $x$ | $y$ | $x$ | $y$ | $\Delta x$ | $\Delta y$ | $\Delta x$ | $\Delta y$ | $x$ | $y$ | |
| | | | | | | | | | | | |
| | | | | | | | | | | | |
| | | | | | | | | | | | |
| | | | | | | | | | | | |
| | | | | | | | | | | | |
| | | | | | | | | | | | |
| | | | | | | | | | | | |
| | | | | | | | | | | | |

表 12.6 附合导线测量成果记录表（二）

| 导线点名 | 已知坐标 | | 实测坐标 | | 坐标增量/改正值 | | 改正后坐标增量 | | 最终坐标 | | 边长/m |
|---|---|---|---|---|---|---|---|---|---|---|---|
| | $x$ | $y$ | $x$ | $y$ | $\Delta x$ | $\Delta y$ | $\Delta x$ | $\Delta y$ | $x$ | $y$ | |
| | | | | | | | | | | | |
| | | | | | | | | | | | |
| | | | | | | | | | | | |
| | | | | | | | | | | | |
| | | | | | | | | | | | |
| | | | | | | | | | | | |
| | | | | | | | | | | | |
| | | | | | | | | | | | |
| | | | | | | | | | | | |
| | | | | | | | | | | | |

表 12.7  导线点坐标计算表

| 导线点名 | 首次测量结果 | | 重复测量结果 | | 导线点坐标 | |
|---|---|---|---|---|---|---|
| | $x$ | $y$ | $x$ | $y$ | $x$ | $y$ |
| | | | | | | |
| | | | | | | |
| | | | | | | |
| | | | | | | |
| | | | | | | |

## 12.6  实训项目二  四等水准路线测量(基平测量)

基平测量是建立路线的高程控制,作为中平测量和日后施工测量的依据。基平测量的主要任务是沿线设置水准点,并测定它们的高程。

### 12.6.1  基平测量的原理及误差范围

为了提高测量精度和成果检查,路线水准测量分两步进行:一是沿线路方向设置若干水准点,建立线路的高程控制,称为基平测量;二是根据各水准点的高程,分段进行中桩高程测量,称为中平测量。

基平测量的精度要求比中平测量高,一般按四等水准的精度要求,两水准点间高差闭合差:

$$f_{h容} = \pm 20\sqrt{L}\ \mathrm{mm}$$

对于桥头、隧道口或重点工程:

$$f_{h容} = \pm 12\sqrt{L}\ \mathrm{mm}$$

式中  $L$——单程水准路线长度,km。

水准点布设时,应尽量靠近中线,以方便中线及施工测量。同时,还应设在估计不被后期施工或行车所破坏,高程不变、易于引测、不易风化的岩石或永久性建筑物基座等牢固凸出的地方。

水准点布设密度,应根据地形和工程需要而定。一般平原微丘区水准点间距不大于 2 km,山岭重丘区不应超过 1 km。另外,应在路线起终点、大中桥桥位两岸、隧道进出口、垭口、大型人工构造物等地增设水准点。

中平测量主要是用基平布设的水准点,引测出各中桩的地面高程,作为绘制纵断面图的依据。中平测量作单程观测,其精度满足:

高速、一级公路:

$$f_{h容} = \pm 30\sqrt{L} \text{ mm}$$

二级及以下公路:

$$f_{h容} = \pm 50\sqrt{L} \text{ mm}$$

式中 $L$——单程水准路线长度,km。

纵断面测量时,直接在控制点上架设全站仪,先放样点位,放样完直接测出高程即可。如果地形平坦,也可以用经纬仪放样,用水准仪来测高程。

### 12.6.2 四等水准测量的方法与步骤

(1)了解四等水准测量的方法

双面尺法四等水准测量是在小地区布设高程控制网的常用方法,是在每个测站上安置一次水准仪,但分别在水准尺的黑、红两面刻画上读数,可以测得两次高差,进行测站检核。除此以外,还有其他一系列的检核。

(2)四等水准测量的步骤

①从路线起点某一水准点出发,选定一条附合水准路线。路线长度为 200~400 m,设置 4~6 站,视线长度≤100 m。

②安置水准仪的测站至前、后视立尺点的距离,应该用步测使其尽量相等。在每一测站,按下列顺序观测:

a.后视水准尺黑色面,读上、下丝读数,精平,读中丝读数。

b.后视水准尺红色面,精平,读中丝读数。

c.前视水准尺黑色面,读上、下丝读数,精平,读中丝读数。

d.前视水准尺红色面,精平,读中丝读数。

③记录者在四等水准测量记录表中按表头表明次序(1)~(8)记录各个读数,(9)~(16)为计算结果:

后视距离:

$$(9) = 100[(1) - (2)]$$

前视距离:

$$(10) = 100[(4) - (5)]$$

视距之差:

$$(11) = (9) - (10)$$

累积视距差:

$$(12) = 上站(12) + 本站(11)$$

前视黑、红面数差：

$$(13) = (6) + K_{106} - (7)(K_{106} = 4.687、K_{107} = 4.787)$$

后视黑、红面数差：

$$(14) = (3) + K_{107} - (8)$$

黑面高差：

$$(15) = (3) - (6)$$

红面高差：

$$(16) = (8) - (7)$$

高差的差：

$$(17) = (15) - (16) = (14) - (13)$$

平均高差：

$$(18) = \frac{1}{2}\big[(15) + (16) \pm 0.100\big]$$

式中,0.100 为单双号两把尺常熟 $K$ 值之差。

每站读数结束(1)~(8),随即进行各项计算(9)~(16),并按技术指标进行检验,满足限差后方能搬站。

④依次设站,用相同的方法进行观测,直到线路终点另一水准点,计算线路的高差闭合差。按四等水准测量的规定,线路高差闭合差的容许值为 $\pm 20\sqrt{L}$ mm,$L$ 为线路总长(单位:km)。

### 12.6.3　仪器和工具

自动安平水准仪 1 台,双面水准尺 2 支(配尺垫一副),记录板 1 块等。

### 12.6.4　实训目的和要求

①进一步熟练水准仪的操作,掌握用双面水准尺进行四等水准测量的观测、记录与计算方法。

②熟悉四等水准测量的主要技术指标,掌握测站及线路的检核方法。

视线高度>0.2 m;视线长度≤100 m;前后视视距差≤3 m;前后视距累积差≤10 m;红黑面读数差≤3 mm;红黑面高差的差≤5 mm。

要求每组沿所选路线走廊带根据路线起终点已知水准点(GPS 点)沿路线前进方向增设满足中平测量所需的水准点,每组不少于 6 个。

注意:在外业选点时,水准点可以和导线点共用。每个小组导线测量和水准测量同选一个线路,不同的小组选不同的线路。

### 12.6.5　实训二提交的成果表格

实训二提交的成果表格见表 12.8。

## 表 12.8 四等水准测量记录表

测段： 天气： 测量：

组号： 日期： 记录：

备注：$K_{106} =$ $K_{107} =$

| 测站编号 | 后尺 | 下丝 上丝 | 前尺 | 下丝 上丝 | 方向及尺号 | 水准尺读数 | | K+黑-红 | 高差中数 |
|---|---|---|---|---|---|---|---|---|---|
| | 后视距 | | 前视距 | | | 黑面 | 红面 | | |
| | 视距差 $d$ | | $\sum d$ | | | | | | |
| | (1) | | (4) | | 后 | (3) | (8) | (14) | (18) |
| | (2) | | (5) | | 前 | (6) | (7) | (13) | |
| | (9)=(1)-(2) | | (10)=(4)-(5) | | 后—前 | (15) | (16) | (17) | |
| | (11)=(9)-(10) | | (12)=(12)$_上$+(11) | | | | | | |
| | | | | | 后 | | | | |
| | | | | | 前 | | | | |
| | | | | | 后—前 | | | | |
| | | | | | | | | | |
| | | | | | 后 | | | | |
| | | | | | 前 | | | | |
| | | | | | 后—前 | | | | |
| | | | | | | | | | |
| | | | | | 后 | | | | |
| | | | | | 前 | | | | |
| | | | | | 后—前 | | | | |
| | | | | | | | | | |
| | | | | | 后 | | | | |
| | | | | | 前 | | | | |
| | | | | | 后—前 | | | | |
| | | | | | | | | | |

| 测站编号 | 后尺 | 下丝 | 前尺 | 下丝 | 方向及尺号 | 水准尺读数 | | K+黑−红 | 高差中数 |
|---|---|---|---|---|---|---|---|---|---|
| | | 上丝 | | 上丝 | | | | | |
| | 后视距 | | 前视距 | | | 黑面 | 红面 | | |
| | 视距差 d | | ∑d | | | | | | |
| | | | | | 后 | | | | |
| | | | | | 前 | | | | |
| | | | | | 后−前 | | | | |
| | | | | | 后 | | | | |
| | | | | | 前 | | | | |
| | | | | | 后−前 | | | | |
| 测段计算 | | | | | | | | | |

## 12.7　实训项目三　道路工程测量

### 12.7.1　道路中线测量

1)道路中线测量概论

①公路工程一般由路基、路面、桥涵、隧道及各种附属设施等组成。兴建公路之前,为了选择一条既经济又合理的路线,必须对沿线进行勘测。

a.一般而言,公路的平面线形以平、直最为理想,但受现场地形、地物、水文、地质等其他因素的影响,必然有转折。为使路线具有合理的线形,保证行车舒适、安全,在公路线形直线转向处均用曲线连接,这种曲线称为平曲线。平曲线包括圆曲线和缓和曲线两种。

b.圆曲线是具有一定曲率半径的圆的一部分,即一段圆弧,它又分为单曲线、复曲线、回头曲线。

c.缓和曲线是在直线与圆曲线之间加设的一段特殊的曲线,其曲率半径由无穷大逐渐变化为圆曲线半径。

②公路的路线中线由直线和平曲线两部分组成。

a.中线测量是通过直线和曲线的测设,将道路中心线的平面位置用木桩具体地标定在现场上,并测定路线的实际里程。道路中线测量是公路工程测量中关键性的工作,它是测绘纵、横断面图和平面图的基础,是公路设计、施工和后续工作的依据。

b.中线测量一般分两组进行:测角组主要测定路线的转角点、转点和转角;中木桩组主要通过直线和曲线的测设,在现场用木桩标定路线中心线的具体位置,并进行各桩里程的测算。

③道路中线测量是公路工程测量中关键性的工作,它是测纵、横断面图和平面图的基础,是公路设计、施工和后续工作的依据。

2)转角点和转点的测设

①要进行道路中线测量,必须先进行定线测量,即在现场标定转角点和转点。

a.转角点(又称交点)是指路线改变方向时,两相邻直线段延长线的交点,通常以 JD 表示,它是中线测量的控制点。

b.转点是指当相邻两交点之间距离较长或互不通视时,需要在其连线或延长线上定出一点或数点以供交点、测角、量距或延长直线时瞄准之用。这种在公路中线测量中起传递方向作用的点称为转点,通常以 ZD 表示。

②目前工程上常用的定线测量方法有纸上定线和现场定线两种。《公路勘测规范》(JTG C10—2007)规定:各级公路应在地形测量以后,采用纸上定线;受条件限制或地形、方案简单也可采用现场定线。

a.纸上定线法又称为地形图选线法。此方法是先测量、绘制出公路路线带区域的大比例尺(1:1 000~1:2 000)地形图,考虑平、纵、横 3 个方面的因素,进行大量试绘试算并反复修改方案,在地形图上定出路线的位置,再把纸上定出的路线位置用仪器在实地找出并标定。

公路选线的主要任务包括:确定公路的走向和整体布局;确定公路的交点位置、公路曲线的要素;通过纸上定线,确定路线的具体平面位置。

纸上定线是公路定线工作中的一个中间过程,最终是要把纸上确定的路线测设到实地。纸上定线法多应用于技术标准高、地形复杂、需考量因素多的路线。

b.现场定线是根据设计任务书的要求,在实地现场进行勘测,经过反复比较,直接定出路线中线。这种方法的特点是切合实地现场情况,较充分地考虑了现场的地形、地物、水文、地质等情况,定线方案较可靠,定线时一般不需要借助大比例尺地形图,相对更简便。但现场定线法的不足之处也较明显,即应用此方法时,需做大量的野外工作,勘测人员的体力劳动负荷较重,同时,定线者不可能实现对实地现场每一处地形、地貌、地质等自然状况都做到完全掌握。定出路线的整体布局在一定程度上带有局限性和片面性,甚至会出现判断失误的情况。

实地选线多适用于地形情况不复杂、路线方案较少或公路等级较低的公路建设中。

3)路线转角的测定和里程桩的设置

(1)路线转角的测定

①公路中线测量一般分为测角组和中桩组。

②测角组的工作主要是测定路线的转角点(交点)和转角。

a.转角是指路线由一个方向偏转为另一个方向时,偏转后的方向与原方向的夹角,常用 $\alpha$ 表示。转角有左、右转角之分。按路线前进方向,偏转后的路线方向在原路线方向左侧,称为左角,常用 $\alpha_{左}$ 表示;偏转后的方向在原路线方向右侧,称为右角,常用 $\alpha_{右}$ 表示。

b.转角 $\alpha$ 是在路线交点位置设置平曲线的必要元素,通常是在此交点位置观测路线前进方向的右角 $\beta$,经过计算得到。此处的 $\beta$ 是指路线的右角,以路线中线为准,按路线前进方向区分,在路线右侧的水平角称为右角,一般用 $\beta$ 表示。

c.在本次实训中,全站仪测量实地所选定的起终点及交点的坐标,计算各方位角,通过方位角来计算出各转角。

(2)里程桩的设置

①为了确定路线中线的位置和路线的长度,满足纵、横断面测量的需要,以及为以后路线施工放样打下基础,必须由路线的起点开始每隔一段距离钉设木桩标志。这些木桩标志可以明显地表明路线中线在实地现场的具体位置,称为里程桩。

里程桩又称为中桩。桩的正面写有桩号,背面写有编号。桩号表示该点至路线起点的里程数。如某桩点距离路线起点的里程为 1 839.836 m,则以桩号表示为 K1+839.836。编号是反映桩间的排列顺序,以 0~9 为一组,循环进行。

②里程桩分为整桩和加桩两种。

a.整桩。在公路中线的直线段和曲线段上,中桩桩距按一定要求而设,称为整桩。整桩的里程桩号均为整数,且为要求桩距的整倍数。在实际工作中,通常取 20 m 或 50 m 作为整桩距(在本次实训中,选取 20 m 作为整桩桩距)。当中桩桩号标定至每百米及每千米时,需钉设百米桩及千米桩。

b.加桩。加桩分为地形加桩、地物加桩、曲线加桩、地质加桩、断链加桩和行政区域加桩及改建加桩等。在本次实训中,重点钉设的加桩为曲线加桩,主要包括圆曲线起点桩(直圆点),用 ZY 表示;圆曲线中点位置(曲中点),用 QZ 表示;圆曲线终点(圆直点),用 YZ 表示等。

4)圆曲线的主点测设

圆曲线又称为单曲线,是指具有一定半径的圆的一部分,即一段圆弧线。它是路线转弯最常用的曲线形式。圆曲线的测设包括主点测设和详细测设。

圆曲线的主点测设是指测设曲线的起点(又称直圆点),通常以"直圆"二字的拼音首字母"ZY"表示;中点(又称曲中点),通常以"曲中"二字的拼音首字母"QZ"表示;曲线的终点(又称圆直点),通常以"圆直"二字的拼音首字母"YZ"表示。

(1)圆曲线主点测设元素计算

圆曲线的主点测设元素包括切线长 $T$、曲线长 $L$、外距 $E$ 和切曲差 $D$。如图 12.3 所示,交点处的转角为 $\alpha$,设定的圆曲线半径为 $R$,则圆曲线的主点测设元素计算公式如下:

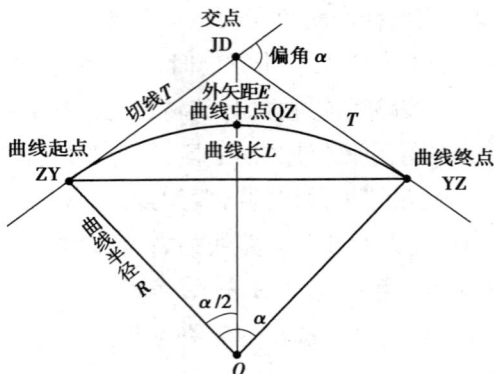

图 12.3 圆曲线的主点测设

切线长：

$$T = R \tan \alpha/2$$

曲线长：

$$L = R\alpha \quad (\alpha \text{ 的单位应换算成 rad；} 1° = 0.017\ 45 \text{ 弧度})$$

外距：

$$E = (R/\cos \alpha/2) - R = R(\sec \alpha/2 - 1)$$

切曲差：

$$D = 2T - L$$

（2）主点里程的计算

交点的里程由中线丈量得到，根据交点的里程及计算出的圆曲线主点测设元素，可计算得到各主点的里程。由图 12.3 可知：

$$ZY_{里程} = JD_{里程} - T$$
$$YZ_{里程} = ZY_{里程} + L$$
$$QZ_{里程} = YZ_{里程} - L/2$$
$$JD_{里程} = QZ_{里程} + D/2$$

（3）主点里程的计算

计算出圆曲线的主点测设元素及各主点里程后，便可按以下步骤进行主点的测设：

①曲线起点（ZY）的测设。测设曲线起点时，将仪器置于交点 $i$（$JD_i$）上，望远镜照准后一交点 $i-1$（$JD_{i-1}$）或此方向上的转点，沿望远镜视线方向量取切线长 $T$，得曲线起点 ZY，暂时插一测钎标志。然后用钢尺丈量 ZY 至最近一个直线桩的距离，如两桩号之差等于所丈量的距离或相差在容许范围内，即可在测钎处打下 ZY 桩。如超出容许范围，应查明原因后重新测设，以确保桩位的正确性。

②曲线终点（YZ）的测设。在曲线起点（ZY）的测设完成后，转动望远镜照准前一交点 $JD_{i+1}$ 或此方向上的转点，往返量取切线长 $T$，得曲线终点（YZ），打下 YZ 桩即可。

③曲线中点(QZ)的测设。测设曲线中点时,可自交点 $i(\mathrm{JD}_i)$,沿分角线方向量取外距 $E$,打下 QZ 桩即可。

**5)圆曲线的详细测设**

在圆曲线的主点设置后,即可进行详细测设。圆曲线的详细测设方法很多。这里主要介绍圆曲线切线支距法详细测设方法。

**(1)切线支距法(直角坐标法)**

切线支距法是以曲线的起点 ZY 或终点 YZ 为坐标原点,经切线为 $X$ 轴,过原点的半径为 $Y$ 轴,按曲线上各点坐标 $X$、$Y$ 设置曲线上各点的位置。

在圆曲线的主点设置后,即可进行详细测设。详细测设所采用的桩距 $l_0$ 与曲线半径有关,按桩距 $l_0$ 在曲线上设桩,通常有两种方法:

①整桩号法。将曲线上靠近起点(ZY)的第一个桩的桩号凑整成 $l_0$ 倍数的整桩号,且与 ZY 点的桩距小于 $l_0$,然后按桩距 $l_0$ 连续向曲线终点 YZ 设桩,这样设置的桩的桩号均为整数。

②整桩距法。从曲线起点 ZY 和终点 YZ 开始,桩距为 $Z$,连续向曲线中点 QZ 设桩。由于这样设置的桩的桩号一般为破碎桩号,因此,在实测中应注意加设百米桩和千米桩。目前公路中线测量一般均采用整桩号法。

切线支距法又称为直角坐标法,是以曲线的起点 ZY(对前半曲线)或终点 YZ(对后半曲线)为坐标原点,以过曲线的起点 ZY 或终点 YZ 的切线为 $X$ 轴,过原点的半径为 $Y$ 轴,按曲线上各点坐标 $X$、$Y$ 设置曲线上各点的位置。

如图 12.4 所示,设 $P_i$ 为曲线上欲测设的点位,该点至 ZY 点或 YZ 点的弧长为 $l_i$。$\varphi_i$ 为 $l_i$ 所对的圆心角,$R$ 为圆曲线半径。

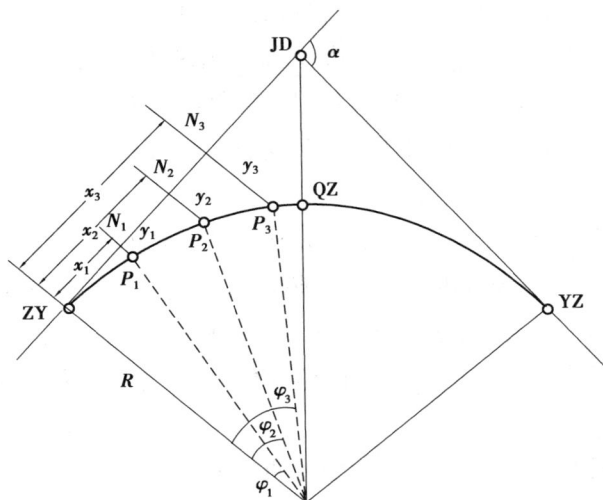

图 12.4　切线支距法详细测设圆曲线

则$P_i$点的坐标按下式计算为

$$x_i = R \times \sin \varphi_i$$

$$y_i = R \times (1 - \cos \varphi_i) = x_i \times \tan \frac{\varphi_i}{2}$$

采用切线支距法详细测设圆曲线时，为了避免支距过长，一般是由 ZY 点和 YZ 点分别向 QZ 点施测，其测设步骤如下：

①从 ZY 点（或 YZ 点）用钢尺或皮尺沿切线方向量取点 $P_i$ 的横坐标$x_i$，得垂足点 $N_i$。

②在垂足点 $N_i$ 上，用方向架或经纬仪定出切线的垂直方向，沿垂直方向量出 $y_i$，即得到待测定点 $P_i$。

③曲线上各点测设完毕后，应量取相邻各桩之间的距离，并与相应的桩号之差做比较。若闭合差均在限差之内，则曲线测设合格；否则应查明原因，予以纠正。

（2）偏角法

偏角法是以曲线起点 ZY 或终点 YZ 至曲线任一点的弦线与切线之间的弦切角和弦长来确定点的位置。

（3）极坐标法

用极坐标法进行圆曲线的详细测设，最适合于用全站仪进行测量。仪器可以安置在任何已知点上，如已知坐标的控制点、路线上的交点、转点等。其测设速度快、精度高。目前在公路勘测中已被广泛应用。

6）遇障碍时圆曲线的测设

由于受地物和地貌条件的限制，在圆曲线测设中，往往遇到各种各样的障碍，使得圆曲线的测设不能按前述方法进行，此时必须针对现场的具体问题，提出解决办法。

虚交是指路线的交点（JD）处不能设桩，更无法安置仪器，此时测角、量距都无法直接按前述方法进行。有时交点虽可设桩和安置仪器，但因转角较大，交点远离曲线，也可做虚交处理，常用的处理方法有圆外基线法、切基线法和弦基线法。

7）复曲线的测设

复曲线是由两个或两个以上不同半径的同向圆曲线相互衔接而成的，一般多用于地形较复杂的山区。在测设时，必须先定出其中一个圆曲线的半径，该曲线称为主曲线，其余的曲线称为副曲线。副曲线的半径通过主曲线半径和测量的有关数据求得。

①切基线法测设复曲线。切基线法实际上是虚交切基线，只不过是两个圆曲线的半径不相等。

②弦基线法测设复曲线。设定 $A$、$C$ 分别为曲线的起点和公切点，目的是确定曲线的终点 $B$。

8）回头曲线的测设

在山区低等级公路中，当路线跨越山岭时，为了克服距离短、高差大的展线困难，或跨越深沟,绕过山咀时,路线方向需做较大转折,往往需要设置回头曲线。回头曲线一般由主曲线和两个副曲线组成。主曲线为一转角 $\alpha$ 接近、等于或大于180°的圆曲线;副曲线在路线上、下线各设置一个,为一般圆曲线。在主、副曲线之间一般以直线连接。主曲线的测设方法有切基线法和弦基线法。

9)缓和曲线的测设

①车辆在行驶中,当从直线驶入圆曲线时,将产生离心力。由于离心力的作用,车辆有向曲线外侧倾倒的趋势,使得安全性和舒适感受到一定的影响。为了减少离心力的影响,曲线段的路面要做成外侧高内侧低,呈单向横坡形式,此即弯道超高,超高不能在直线进入曲线段或曲线进入直线段突然出现或消失,以免使路面出现台阶,引起车辆震动,产生更大的危险。超高必须在一段长度内逐渐增加或减少,在直线段与圆曲线之间插入一段半径由无穷大逐渐减少至圆曲线半径的曲线,这种曲线称为缓和曲线。

②带有缓和曲线的平曲线一般由 3 部分组成:

a.由直线终点到圆曲线起点的缓和段,称为第一缓和段。

b.由圆曲线起点到圆曲线终点的单曲线段。

c.由圆曲线终点到下一段直线起点的缓和段,称为第二缓和段。

③带有缓和曲线的平曲线的主点有直缓点(ZH)、缓圆点(HY)、曲中点(QZ)、圆缓点(YH)和缓直点(HZ)。

### 12.7.2　路线的纵、横断面测量

1)概述

路线定测阶段在完成中线测量以后,还必须进行路线纵、横断面测量。

路线纵断面测量又称中线水准测量,它的工作内容是在测定道路中线之后,测定中线上各里程桩(中桩)的地面高程,依据各中桩的里程数据及高程数据绘制路线纵断面图,用以表示实地地形沿路线中线位置的高低起伏状态。路线纵断面图主要用于路线纵坡设计。

横断面测量是测定中线上各里程桩处与中线方向垂直的特征点地面高程,依据各点至里程桩的平距及高程数据绘制横断面图,用于表示垂直于路线中线方向的地形起伏状态。路线横断面图主要用于路基设计、计算土石方数量以及施工放边桩。

纵断面测量一般分为基平测量和中平测量两步进行。

①基平测量是指沿路线方向设置水准点,并测定其高程,从而建立路线的高程控制。基平测量测定的各水准点高程作为中平测量的起算数据。

②中平测量是指根据基平测量测定的水准点的高程,分别在相邻的两个水准点之间进行水准测量,测定各里程桩的地面高程。

2)中平测量

(1)用水准仪进行中平测量

中平测量又称为中桩抄平,一般是以两相邻水准点为一测段,从一个水准点开始,用视线

高法,逐个测定中桩的地面高程,直至附合到下一个水准点上。

中平测量的具体施测步骤具体如下:

①如图 12.5 所示,在道路中线起点 K0+000 附近有水准点 BM1,BM1 高程已知,HA = 100 m。在适当的位置选取一地面点作为 ZD1,在与 BM1、ZD1 两点距离大致相等的位置安置水准仪,分别在 BM1、ZD1 点上立水准尺,先读取后视点 BM1 上水准尺的读数 2.369 m,记入表 12.9 中对应 BM1 的"后视"一栏;再读取前视点 ZD1 上水准尺的读数 1.62 m,记入对应 ZD1 的"前视"栏;依次在本站 K0+020、K0+040、K0+060 等各中桩处的地面上竖立水准尺并读取读数(可只读至 cm 位),分别为 1.97 m、1.66 m、1.39 m,将读数记入对应各自桩号的"中视"栏。

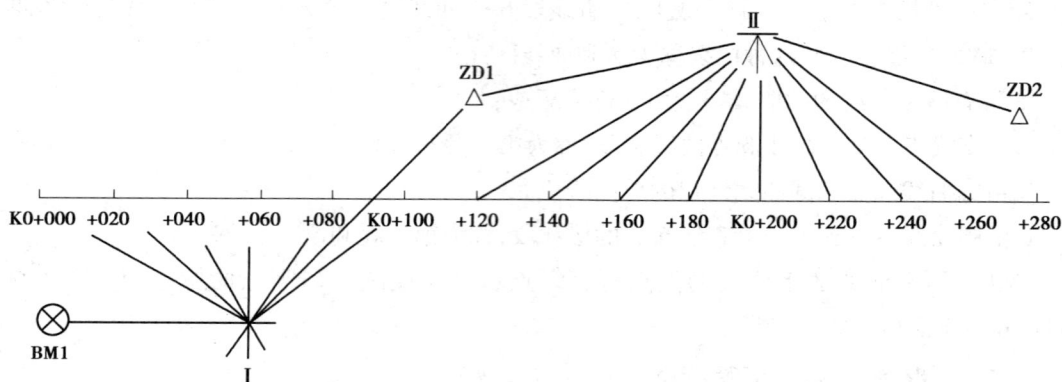

图 12.5　中平测量示意图

表 12.9　中平测量记录计算表

天气:　　　　　班级:　　　　　组别:　　　　　观测者:　　　　　学号:

| 测点 | 水准尺读数/m | | | 视线高程/m | 测点高程/m | 备注 |
|------|--------|--------|--------|-----------|-----------|------|
| | 后视 $a$ | 中视 $k$ | 前视 $b$ | | | |
| BM1 | 2.369 | | | 102.369 | 100 | |
| K0+020 | | 2.26 | | | 100.11 | |
| K0+040 | | 1.97 | | | 100.40 | |
| K0+060 | | 1.66 | | | 100.71 | |
| ZD1 | 0.930 | | 1.32 | 101.980 | 101.05 | |
| K0+080 | | 1.86 | | | 100.12 | |
| ZD2 | 0.823 | | 1.39 | 101.313 | 100.49 | |

计算者:　　　　　　　　　复核者:　　　　　　　　　日期:

②用视线高法计算各中桩的地面高程。每一测站的计算过程如下：

a. 测站视线高程 = 后视点高程 $HA$ + 后视读数 $a$

本测站中，后视点高程 $HA$ = 100 m，后视读数 $a$ = 2.369 m，则视线高 = $HA + a$ = 102.369 m，将 102.369 填入表 12.9 中对应 BM1 的"视线高程"栏。

b. 前视转点 $B$ 点高程 $HB$ = 视线高程 − 前视读数 $b$

本测站观测转点为 $B$ 点（ZD1），视线高为 102.369 m，$B$ 点前视读数为 1.32 m，则 ZD1 高程 $HB$ = 102.369 m − 1.32 m = 100.05 m。

c. 中桩高程 $Hk$ = 视线高程 − 中视读数 $k$

本测站观测了 K0+020、K0+040、K0+060 等中视点，以中桩 K0+020 为例，视线高为 102.369 m，本点中视读数为 2.26 m，则高程 $H$ = 102.369 m − 2.26 m = 100.11 m。本测站其他中桩的高程计算与此一致。

至此，第一个测站的观测和计算完成。

③如图 12.5 所示，在适当的位置选定 ZD2，在距 ZD1、ZD2 大致等远的地方安置水准仪，在 ZD1、ZD2 上竖立水准尺，先读取后视点 ZD1 上水准尺的读数为 0.930 m，记入表 12.9 中对应 ZD1 的"后视"一栏；再读取前视点 ZD2 上水准尺的读数为 1.39 m，记入对应 ZD2 的"前视"栏；在本站 K0+080 中桩处的地面上竖立水准尺并读取读数为 1.86 m，将读数记入对应桩号的"中视"栏。用步骤②的方法计算转点高程及各中桩高程。

④同步骤②③的方法观测中线上的中桩高程，直至附合到下一个水准点 BM2，至此，一个测段的测量完成。沿路线继续中平测量，测量至基平测量设置的最后一个水准点，测定所有中桩高程，则中平测量工作结束。

⑤中平测量只作单程观测。一测段结束后，应先计算中平测量测得的该段两端水准点高差，并将其与基平所测该测段两端水准点高差进行比较，得到的两者之差，称为测段高差闭合差。测段高差闭合差应满足表 12.10 要求。若不满足要求，必须重测。

表 12.10 中桩高程测量精度

| 公路等级 | 闭合差/mm | 两次测量之差/cm |
| --- | --- | --- |
| 高速公路，一、二级公路 | $\leqslant 30\sqrt{L}$ | $\leqslant 5$ |
| 三级及以下公路 | $\leqslant 50\sqrt{L}$ | $\leqslant 10$ |

注：$L$ 为高程测量的路线长度（km）。

（2）用全站仪进行中平测量

传统的中平测量方法是用水准仪测定中桩处地面高程，施测过程中测站多，特别是在地形起伏较大的地区测量，工作量相当繁重。而全站仪具有三维坐标测量的功能，在中线测量中可以同时测量中桩高程（中平测量），减少测设工作量。

全站仪中平测量方法:中线测量一般用任意控制点安置全站仪,利用极坐标或切线支距法放样中桩点。在中线测量的同时,利用全站仪本身具有的高程测量功能和控制点的高程,可直接测得中桩点的地面高程。

如图 12.6 所示,设 $A$ 点为已知控制点,$B$ 点为待测高程的中桩点。将全站仪安置在已知高程的 $A$ 点,棱镜立于待测高程的中桩点 $B$ 点上,量出仪器高 $l$,全站仪照准棱镜测出视线倾角 $\alpha$。

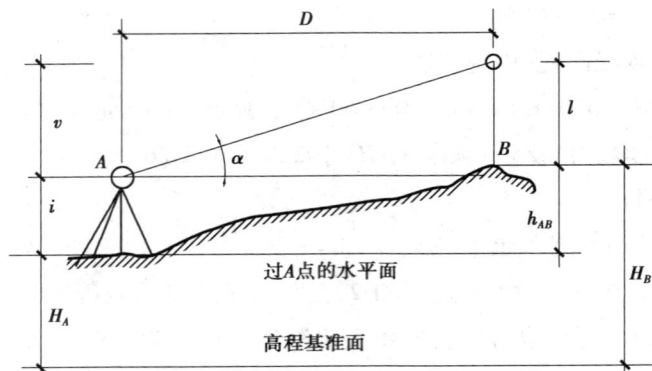

**图 12.6　全站仪进行中平测量原理示意图**

则 $B$ 点的高程 $H_B$ 为

$$H_B = H_A + S \times \sin \alpha + i - l$$

式中　$H_A$——已知控制点 $A$ 点高程;

　　　$H_B$——待测高程的中桩点 $B$ 点高程;

　　　$i$——仪器高;

　　　$l$——棱镜高度;

　　　$S$——仪器至棱镜斜距离;

　　　$\alpha$——视线倾角。

在实际的测量中,只需将安置仪器的 $A$ 点高程 $H_A$、仪器高 $i$、棱镜高 $l$ 直接输入全站仪,在中桩放样完成的同时,就可直接从仪器的显示屏中读取中桩点 $B$ 点高程 $H_B$。

该方法的优点是在中桩平面位置测设过程中直接完成中桩高程测量,而不受地形起伏及高差大小的限制,并能进行较远距离的高程测量。高程测量数据可从仪器中直接读取,或存入仪器在需要时调入计算机处理。

3)纵断面图的绘制

纵断面图是表示沿路线中线方向的地面起伏状态和设计纵坡的线状图。它反映出各路段纵坡的大小和中线位置处的填挖尺寸,是道路设计和施工中的重要文件资料。路线设计纵断面图如图 12.7 所示。

图上部注记：

- 1—1.5 板涵　K9+120
- 1—2.0 板涵　K9+240
- 右侧 20 m 石头上　K9+350
- BM₂₄　H=24.114
- R=1 400　T=31.5　E=0.35
- 9.72　K9+540
- 1—3.0 拱涵　K9+618
- R=1 400　T=31.5　E=0.35
- 532　K9+650
- R=1 400　T=31.5　E=0.35
- 6.07　K9+800
- R=1 800　T=30.6　E=0.26
- R=2 400　T=30　E=0.19
- 3.07　K9+50

| 土壤性质 | 风化砂岩 | | | | 砂岩 | | | 细砂 | | 风化砂岩 | | |
|---|---|---|---|---|---|---|---|---|---|---|---|---|
| 坡度 | 0.5 | | | | 540 | 110 | -4.0 | 0.5 | 150 | 150 | -2.0 | 1.4 50 |
| 填挖高度 | -1.67 | -1.73 | -7.77 | -1.30 | -17.29 | -4.98 | -1.82 | -3.18 | -6.41 | -0.43 | 0.69 | |
| 设计高程 | 7.02 | 7.52 | 8.02 | 8.52 | 9.02 | 9.52 | 7.32 | 5.57 | 5.88 | 4.07 | 3.77 | |
| 地面高程 | 8.69 | 9.25 | 15.79 | 9.82 | 26.31 | 14.50 | 5.50 | 8.75 | 12.29 | 4.50 | 3.08 | |
| 里程 | K9 | 1 | 2 | 3 | 4 | 5 | 6 | 7 | 8 | 9 | K10 | |
| 直线与曲线 | | JD₆ R=600 | | JD₄ R=100 Lₛ=35 | | R=70 | JD₈ Lₛ=35 | | JD₉ R=600 | | | |

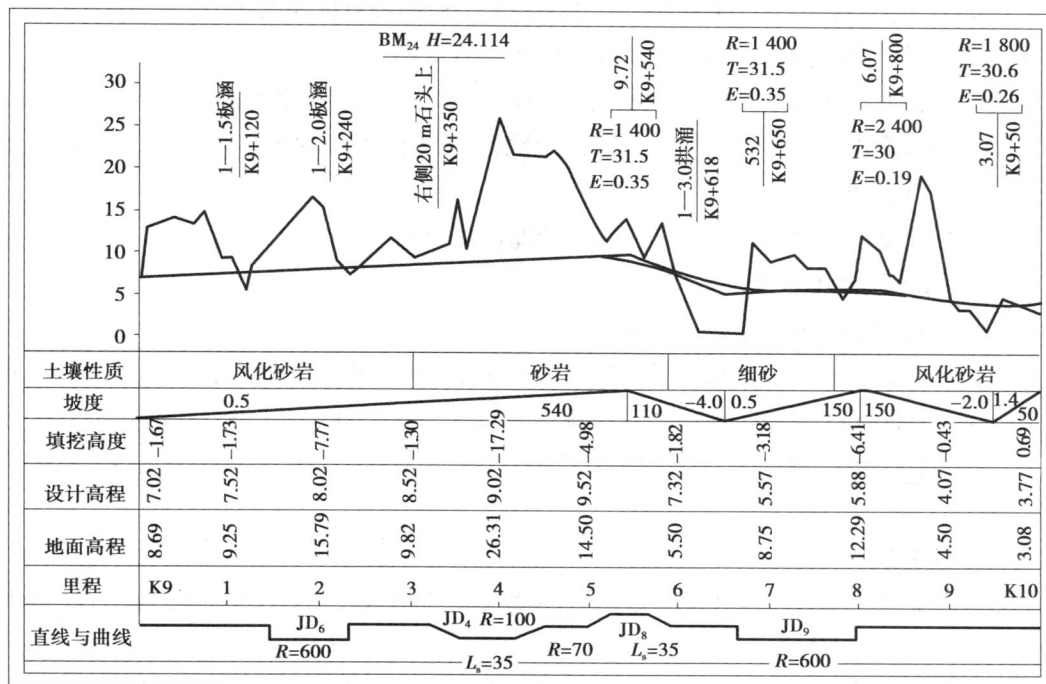

图 12.7　路线设计纵断面图

（1）路线纵断面图的组成

纵断面图由上、下两部分内容组成。上部主要用来绘制地面线和纵坡设计线，下部主要注有路线相关测量及纵坡设计的资料。路线纵断面图具体组成内容如下：

①路线地面线。路线地面线是指道路中线的实际地面线，在图中常用细折线表示。绘制地面线时，以各桩的里程为横坐标，高程为纵坐标，绘出各中桩对应的点于图中，用细线连接各点即可。

②设计线。设计线是指包含竖曲线在内的纵坡设计线，在图中常用粗线来表示。

③其他内容。纵断面图的上部内容通常还包含水准点的位置及高程、竖曲线示意图及曲线元素、桥涵类型、孔径、跨数、长度、里程桩号等信息。

④图下半部分内容。自下而上分别填写直线与曲线、里程、地面高程、设计高程、坡度、土壤地质等内容。

直线与曲线是据中线测量资料绘制的中线示意图。如图 12.7 所示，图中直线表示路线的直线部分；垂直折线表示路线的圆曲线部分，折线上凸表示路线右转，下凸表示路线左转，在圆曲线处要注明交点名称及圆曲线半径等信息；梯形折线表示缓和曲线缓和段，同时应注明缓和段的长度。

里程是指按里程比例尺将百米桩里程（以数字 1～9 注写）及千米桩（以 K 注写，如 K5、K6）标注在图中。

地面高程是指根据中平测量资料将各里程桩的地面高程值标注在图中。

设计高程是指将各里程桩的设计高程值标注在图中。

坡度是以倾斜直线表示路线的上坡、下坡及坡度大小情况。水平线表示平坡,从左至右向上倾斜的直线表示上坡,向下倾斜表示下坡。斜线或水平线上面的数字是以百分数表示的坡度的大小,线下面的数字表示坡长。

土壤地质主要是对某一路段的土壤地质情况作说明。

（2）路线纵断面图的绘制

纵断面图的绘制一般可按下列步骤进行:

①选定比例尺和高程比例尺。平原微丘区里程比例尺常用1:5 000 或1:2 000,相应的高程比例尺为1:500 或1:200;山岭重丘区里程比例尺常用1:2 000 或1:1 000 相应的高程比例尺为1:200 或1:100。随后打格制表,填写里程、地面高程、直线与曲线、土壤地质说明等资料。

②绘出地面线。

a.选定纵坐标的起始高程,使绘出的地面线位于图中适当位置。一般是以 10 m 整数时高程定在 5 cm 方格的粗线上。

b.根据中桩的里程和高程,在图上按纵横比例尺依次点出各中桩的地面位置,再用按将相邻点连接起来,就得到地面线。

c.在高差变化较大的地区,当纵向受到图幅限制时,可在适当地段变更图上高程起算位置,此时地面线将形成台阶形式。

③计算设计高程。当路线的级坡确定后,即可根据设计纵技和两点间的水平距离,由一点的高程计算另一点的设计高程。设计坡度为 $i$,起算点的高程为 $H_0$,待推算点 $P$ 高程为 $H_P$,待推算点至起算点的水平距离为 $D$,则

$$H_P = H_0 + i \times D$$

式中:$i$——上坡时,为正;下坡时,为负。

④计算各桩的填挖尺寸。同一桩号的设计高程与地面高程之差,即为该桩处的填土高度（正号）或挖土深度（负号）。

⑤注记在图上注记有关资料,如水准点、桥涵、竖曲线等。

4)横断面测量

路线横断面测量是指测定各中桩处垂直于中线方向上的地面起伏情况,然后绘制成横断面图,供路基、边坡、特殊构造物的设计、土石方的计算和施工放样之用。

横断面测量的宽度由路基宽度和地形情况确定,一般应在公路中线两侧各测 15~50 m。

（1）横断面的测量方法

进行横断面测量首先要确定横断面的方向,然后在此方向上测定中线两地面坡度变化点的距离和高差。

横断面测量中的距离和高差一般准确到 0.1 m 即可满足工程的要求。横断面测量多采用简易的测量工具和方法。较常用的横断面的测量方法有以下几种：

①标杆皮尺法(抬杆法)：标杆皮尺法是一种简单易行的测量横断面的方法，即在横断面方向上，用一根标杆和一卷皮尺测出两个临近变坡点的水平距离及高差。

测量时，以方向架定出横断面方向，在该方向变坡点上立尺或花杆，用皮尺量出每两个相邻变坡点间的平距，在竖尺或花杆上读取高差，将测得的各平距数值及对应的高差数值按表12.11 中格式记录到表中。在表 12.11 中，中桩号记入"中桩号"一栏，"左侧"指位于中桩左侧，左右区分以面向前进方向为准；分母是横断面相邻测点间的平距，分子是相邻两测点间高差，高差为正号表示升坡，为负号表示降坡。自中桩由近及远逐段测量与记录。在绘制横断面图时，再统一换算成各测点到中桩的距离和与中桩的高程差。

**表 12.11  抬杆法测横断面测量记录表**

| 左侧 | 里程桩号 | 右侧 |
|---|---|---|
| $\cdots\dfrac{-2.3}{10.6},\dfrac{-3.1}{6.3},\dfrac{-1.6}{8.2}$ | K2+260 | $\cdots\dfrac{+1.8}{7.6},\dfrac{+1.2}{10.2},\dfrac{+1.8}{6.6}$ |
| $\cdots$ | $\cdots$ | $\cdots$ |

如图 12.8 所示，要进行横断面测量，根据横断面实际地形情况选定变坡点 1、2、3、4、5、…。将标杆立于点 1 上，皮尺贴近中桩地面拉平，量出中桩点至点 1 的水平距离，而皮尺截于标杆的红白格数(通常每格为 0.2 m)即为两点间高差。

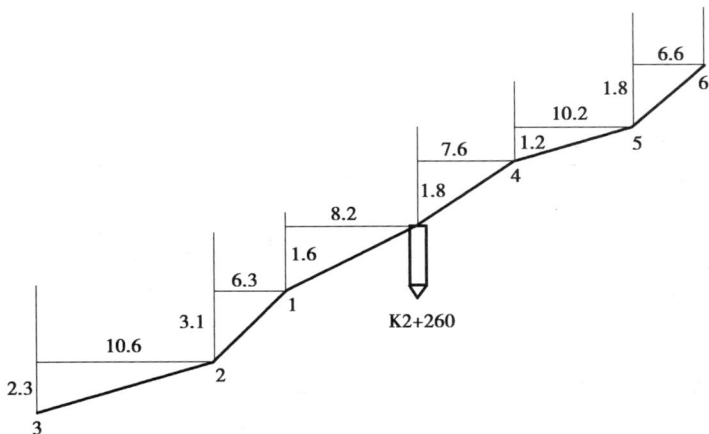

**图 12.8  抬杆法测横断面**

测量员报出测量结果，以便绘图或记录，报数时通常省略"水平距离"4 个字，高差用"低"或"高"报出。例如，图示中桩点与点 1 间水平距离为 8.2 m，高差为-1.6 m，则报数为"8.2 m低 1.6 m"，记录到表 12.11 中"左侧"一栏。同理，点 2 的测量报数为"6.3 m 低 3.1 m"，点 4 的测量报数为"7.6 m 高 1.8 m"。

②水准仪皮尺法:利用水准仪和皮尺,按水准测量的方法测定各变坡点与中桩点间高差,用皮尺丈量两点的水平距离的方法。

③经纬仪视距法:将经纬仪安置在中桩上,用视距法测出横断面方向各变坡点至中桩的水平距离和高差。

④全站仪法:在测各中桩点高程的同时,在路线的垂直方向,即中桩的两侧选择适当的变坡点,立棱镜测出其高程、平面坐标并连同该中桩点的高程一起传输到计算机中存储。这样,纵横断面的测量数据全部存储到计算机中,应用专门的绘图软件可以绘出纵、横断面图。

(2)横断面图的绘制

公路横断面图应采用现场边测边绘的方法,可以与现场实际地形情况进行核对,减少差错。

横断面图一般绘在透明厘米方格纸上,图幅为 350 mm×500 mm,纸上每一最小微格间是 1 mm,每厘米有一根细线条,每 5 cm 有一根粗线条。

横断面图的比例尺一般是 1∶200 或 1∶100。绘图时以一条纵向粗线为中线,以纵线、横线相交点为中桩位置,向左、右两侧绘制。

绘图先标注中桩的桩号,再用铅笔根据水平距离和高差,将变坡点的位置在纸上一一找到,将这些点逐一连接形成折线,便得到横断面的地面线。一幅图上可绘制多个断面,多个断面的排列顺序是从图纸的左下方起,自下而上、由左到右,依次按桩号绘制,如图 12.9 所示。

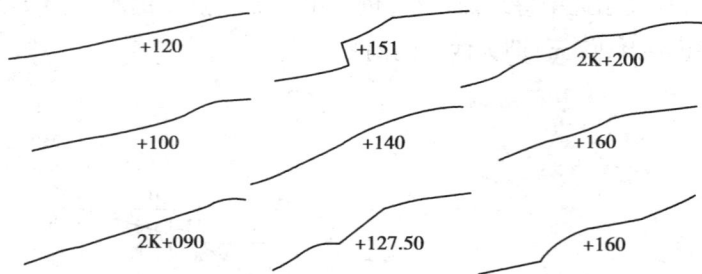

图 12.9　横断面图绘图顺序

### 12.7.3　施工测量

1)概述

施工测量,又称为施工放样,是将设计图纸中构筑物的各项元素(距离、方向、角度、坐标等)按规定的精度要求,准确地测设于实地,作为施工的依据,并在工程建设过程进行各种测量工作,以确保工程建设按设计要求进行。

在公路的建设过程中,施工测量是必须先行的工作,是确保施工质量符合要求及工程顺利进行、完成的一个重要环节。公路施工测量的主要任务包括:

①研究设计图纸,勘察施工现场。明白工程的设计意图及测量精度要求,通过现场踏勘,找到施工现场存在的定测阶段使用的各平面控制点、高程控制点、交点、重要里程桩等的位置,

并收集、掌握各点数据信息。

②恢复公路中线的位置。一般情况下,公路定测完成到公路工程开始施工,会间隔一段时间。在这段时间内,可能有部分现场桩、点标志被破坏或损毁,有必要在开始施工前进行一次复测,主要是将公路中线的位置在现场恢复。

③测设施工控制桩。在工程定测阶段设立的中桩,在施工阶段会被掩埋或清除,需在不受施工干扰、能长期保存桩位的位置设立施工控制桩,以便在施工中控制公路中线的位置。

④复测、加密水准点。复测水准点是对破坏、损毁的水准点进行恢复和定测,以建立对公路工程的高程控制。为满足施工过程中高程测量的工作需求,还应在一定范围内对高程控制系统进行水准点加密。

⑤路基边坡桩的放样。根据设计要求,施工前应测设路基的填筑坡脚边桩和路堑的开挖坡顶边桩。

⑥路面的放样。路基施工后,应测出路基设计高度,放样出铺筑路面的标高,作为路面铺设依据。

⑦其他项目的放样。如对排水设施、附属设施等工程的放样。

2)施工测量的基本方法

(1)已知距离的放样

在地面有一点 A,要在给定的方向找到一点 B,点 B 满足至点 A 的距离是给定的已知水平距离这一要求,在实地现场找到符合要求的点 B 并标定出来的过程就称为已知距离的放样。

(2)已知水平角的放样

在实地有一个已知方向 AB,A 点位置已知,要找到一个方向 AC,方向 AC 满足与方向 AB 的夹角等于设计给定的水平角 $\beta$,找到 AC 方向并在现场标定出来的过程就称为已知水平角的放样。

(3)已知高程的放样

在实地有水准点 A,高程已知为 $H_A$,另有一已知高程数据为 $H_B$,要在某一构筑物上或某空间找到一水平位置,该位置的高程等于 $H_B$,用水准测量或三角高程测量的方法将该位置找到并标定出来的过程称为已知高程的放样。

3)点的平面位置的测设

施工测量的工作很大程度上是通过将设计的已知点放到现场来完成的。点的平面位置的测设,根据施工现场的特点以及采用手段的不同,可分为直角坐标法、极坐标法、角度交会法、距离交会法等。

①直角坐标法是在指定的直角坐标系中,通过待测点 X、Y 的放样,来确定放样点的平面位置。

②极坐标法是指在建立的极坐标系中,通过待测点的极径和极角,来确定放样点的平面位置。此法最适合于用经纬仪加测距仪或全站仪测设。

③角度交会法是指在地面上通过测设两个或 3 个已知的角度,根据各角提供的视线交出点的平面位置的一种方法,该法又称为方向线法。

④距离交会法是指在地面测设两段或 3 段已知水平距离而交出点的平面位置的方法。

4)道路施工测量

道路施工测量就是利用测量仪器和设备,按照设计图纸中的各项元素依据控制点或路线上的控制桩的位置,将道路的"样子"具体地标定在实地,以指导施工作业。道路施工测量主要包括恢复中线测量、施工控制桩测设、路基边桩的测设、竖曲线的测设等内容。

①恢复中线测量。从路线勘测结束到开始施工这阶段时间,由于各种原因,往往有一部分勘测时所设的桩被破坏或丢失,为了保证施工的高效率性和准确性,必须在施工前根据定线条件或有关设计文件,对中线进行一次复核,并将已被破坏或丢失的交点桩、里程桩等恢复和校正。另外,对路线水准点除进行必要复核外,在某些情况下,还应增设一定数量的水准点,以满足施工需要。

②施工控制桩测设。道路施工时,必然将中桩挖掉或掩埋,为了在施工中能够控制中桩的位置,就需要在不能被施工破坏、便于利用、引测、易于保存的地方测设施工控制桩。

③路基边桩的测设。即在地面上将每一个横断面的设计路基边坡线与地面相交的点测设出来,并用桩标定,作为路基施工的依据。

④竖曲线的测设。在路线纵坡变更处,考虑到行车的视距要求和行车的平稳,在竖曲直面内应用曲线衔接起来,这种曲线称为竖曲线。

5)公路桥梁施工测量

①公路桥涵按其多孔跨径总长或单孔跨径可分为特大桥、大桥、中桥、小桥、涵洞 5 种形式。桥涵施工测量的方法及精度要求随跨径和河道及桥涵结构的情况而定。

②在桥梁建筑施工的准备与实施阶段,需要进行桥梁平面控制测量和高程控制测量,桥墩、桥台的定位和轴线测设等施工测量。

a.平面控制测量。桥梁平面控制测量的任务是放样桥梁轴线长度和墩台的中心位置,为测量桥位地形、施工放样和变形观测提供具有足够精度的控制点。

b.高程控制测量。在桥梁施工中,两岸应建立统一、可靠的高程系统,应将高程从河一岸传到河的另一岸。

c.桥墩、桥台定位测量。桥梁墩台中心定位就是根据设计图纸上桥位桩号里程,以控制点为基础,放出墩台中心的位置,是桥梁施工测量中的关键性工作。常用的测设方法有直接丈量法、角度交会法与极坐标法。

③涵洞属小型公路构造物,进行涵洞施工测量时,利用路线勘测时建立的控制点就可进行,不需另建施工控制网。

a.涵洞施工测量时要首先放出涵洞的轴线位置,即根据设计图纸上涵洞的里程,放出涵洞轴线与路线中线的交点,并根据涵洞轴线与路线中线的夹角,放出涵洞的轴线方向。

b.放样直线上的涵洞时,依涵洞的里程,自附近测设的里程桩沿路线方向量出相应的距离,即得涵洞轴线与路线中线的交点。若涵洞位于曲线上,则采用曲线测设的方法定出涵洞与路线中线的交点。

## 12.8　小组上交成果

①导线测量原始记录表、导线点成果表,见表12.12、表12.13。

②四等水准测量原始记录表、高程误差配赋表、水准点成果表,见表12.14—表12.16。

③方位角及转角原始计算记录。

④圆曲线测设计算原始记录表。

⑤直线曲线转角表,见表12.17。

⑥逐桩坐标测设数据原始计算。

⑦逐桩坐标计算表,见表12.18。

⑧中平测量原始记录表,见表12.19。

⑨中桩高程及横断面测量原始数据记录表,见表12.20。

⑩路线平面图。

⑪路线纵断面图。

⑫路线横断面图。

注意:两周实训班级上交①~⑩,三周实训班级上交①~⑫。

成果相关表格见表12.12—表12.20。

表 12.12 闭合导线测量手簿

水平角观测

| 测回数 | 目标 | 水平度盘读数/(° ′ ″) | | $2C=左-(右±180°)$ /″ | 平均读数=[左+(右±180°)] /(° ′ ″) | 归零后方向值 /(° ′ ″) | 各测回归零方向值的平均值 /(° ′ ″) | 备注 |
|---|---|---|---|---|---|---|---|---|
| | | 盘左 | 盘右 | | | | | |
| 1 | 2 | 3 | 4 | 5 | 6 | 7 | 8 | 9 |
| | | | | | | | | |
| | | | | | | | | |
| | | | | | | | | |
| | | | | | | | | |
| | | | | | | | | |
| | | | | | | | | |
| | | | | | | | | |
| | | | | | | | | |

| 边长 | 平距观测值 | 备注 |
|---|---|---|
| 1 | | |
| 2 | 平均中数 | |
| 3 | | |
| 4 | | |

| 边长 | 平距观测值 | 备注 |
|---|---|---|
| 1 | | |
| 2 | 平均中数 | |
| 3 | | |
| 4 | | |

表 12.13　导线点成果表

| 导线点名称 | $X$ | $Y$ | $H$ |
|---|---|---|---|
| | | | |
| | | | |
| | | | |
| | | | |
| | | | |
| | | | |
| | | | |
| | | | |
| | | | |
| | | | |
| | | | |
| | | | |
| | | | |
| | | | |
| | | | |
| | | | |
| | | | |
| | | | |
| | | | |
| | | | |
| | | | |
| | | | |
| | | | |
| | | | |
| | | | |
| | | | |
| | | | |
| | | | |

### 表 12.14 四等水准测量记录表

| 测站编号 | 点号 | 后尺 上丝 / 下丝 | 前尺 上丝 / 下丝 | 方向及尺号 | 标尺读数/m 黑面 | 标尺读数/m 红面 | 黑+K —红/mm | 高差中数/m | 备注 |
|---|---|---|---|---|---|---|---|---|---|
| | | 后视距/m | 前视距/m | | | | | | |
| | | 视距差 $d$/m | $\sum d$/m | | | | | | |
| | | (1) | (4) | 后 | (3) | (8) | (14) | | |
| | | (2) | (5) | 前 | (6) | (7) | (13) | (18) | |
| | | (9) | (10) | | (15) | (16) | (17) | | |
| | | (11) | (12) | | | | | | |
| | | | | 后 | | | | | |
| | | | | 前 | | | | | |
| | | | | | | | | | |
| | | | | | | | | | |
| | | | | 后 | | | | | $K$ 为水准尺常数 |
| | | | | 前 | | | | | |
| | | | | | | | | | |
| | | | | | | | | | |
| | | | | 后 | | | | | |
| | | | | 前 | | | | | |
| | | | | | | | | | |
| | | | | | | | | | |
| | | | | 后 | | | | | |
| | | | | 前 | | | | | |
| | | | | | | | | | |
| | | | | | | | | | |

| | |
|---|---|
| | $\sum[(3)+(8)] - \sum[(6)+(7)] =$ |
| | $\sum[(15)+(16)] =$ ; $\sum(18) =$ ; $2\sum(18) =$ |
| 校核 | 满足：$\sum[(3)+(8)] - \sum[(6)+(7)] = \sum[(15)+(16)] = 2\sum(18)$ 否□ 是□ |
| | $\sum(9) - \sum(10) =$ = 末(12) |
| | 总视距 $\sum(9) + \sum(10) =$ m |

表 12.15　高程误差配赋表

| 点号 | 距离/m | 观测高差/m | 改正数/m | 改正后高差/m | 点之高程/m | 备注 |
|---|---|---|---|---|---|---|
| 1 | 2 | 3 | 4 | 5 | 6 | 7 |
|  |  |  |  |  |  |  |
|  |  |  |  |  |  |  |
|  |  |  |  |  |  |  |
|  |  |  |  |  |  |  |
|  |  |  |  |  |  |  |
|  |  |  |  |  |  |  |
|  |  |  |  |  |  |  |
|  |  |  |  |  |  |  |
|  |  |  |  |  |  |  |
|  |  |  |  |  |  |  |
|  |  |  |  |  |  |  |
|  |  |  |  |  |  |  |
|  |  |  |  |  |  |  |
|  |  |  |  |  |  |  |
| $\sum$ |  |  |  |  |  |  |
|  | $f_h =$ | $f_{h允} =$ |  |  |  |  |
| 辅助计算 |  |  |  |  |  |  |

表 12.16　水准点成果表

| 点号 | 等级 | 高程 |
|---|---|---|
|  |  |  |
|  |  |  |
|  |  |  |
|  |  |  |
|  |  |  |
|  |  |  |
|  |  |  |
|  |  |  |
|  |  |  |
|  |  |  |
|  |  |  |
|  |  |  |
|  |  |  |
|  |  |  |
|  |  |  |
|  |  |  |
|  |  |  |
|  |  |  |
|  |  |  |
|  |  |  |
|  |  |  |
|  |  |  |
|  |  |  |
|  |  |  |
|  |  |  |
|  |  |  |

注:本表不填写已知点。

**表 12.17 直线、曲线转角表**

| 交点号 | 交点桩号 | 交点坐标 | | 偏角 /(°) | 曲线要求数值/m | | | | | | | | | 曲线整控桩号 | | | | | 直线长度及方向 | | | 备注 |
|---|---|---|---|---|---|---|---|---|---|---|---|---|---|---|---|---|---|---|---|---|---|---|
| | | $X$ | $Y$ | | $R$ | $A_1$ | $A_2$ | $L_{X1}$ | $L_{X2}$ | $T_1$ | $T_2$ | $L_y$ | $E$ | ZH | HY(ZY) | QZ | YH(YZ) | HZ | 直线长度/m | 交点间距/m | 方位角 /(°'') | |
| 1 | 2 | 3 | 4 | 5 | 6 | 7 | 8 | 9 | 10 | 11 | 12 | 13 | 14 | 15 | 16 | 17 | 18 | 19 | 20 | 21 | 22 | 23 |
| | | | | | | | | | | | | | | | | | | | | | | |
| | | | | | | | | | | | | | | | | | | | | | | |
| | | | | | | | | | | | | | | | | | | | | | | |
| | | | | | | | | | | | | | | | | | | | | | | |
| | | | | | | | | | | | | | | | | | | | | | | |
| | | | | | | | | | | | | | | | | | | | | | | |
| | | | | | | | | | | | | | | | | | | | | | | |
| | | | | | | | | | | | | | | | | | | | | | | |
| | | | | | | | | | | | | | | | | | | | | | | |

表 12.18    逐桩坐标计算表

| 桩号 | X | Y |
|---|---|---|
|  |  |  |
|  |  |  |
|  |  |  |
|  |  |  |
|  |  |  |
|  |  |  |
|  |  |  |
|  |  |  |
|  |  |  |
|  |  |  |
|  |  |  |
|  |  |  |
|  |  |  |
|  |  |  |
|  |  |  |
|  |  |  |
|  |  |  |
|  |  |  |
|  |  |  |
|  |  |  |
|  |  |  |
|  |  |  |
|  |  |  |
|  |  |  |
|  |  |  |
|  |  |  |
|  |  |  |
|  |  |  |
|  |  |  |
|  |  |  |
|  |  |  |

### 表 12.19　中平测量记录计算表

天气：　　　　　班级：　　　　　组别：　　　　　观测者：　　　　　学号：

| 测点 | 水准尺读数/m | | | 视线高程/m | 测点高程/m | 备注 |
| --- | --- | --- | --- | --- | --- | --- |
| | 后视 $a$ | 中视 $k$ | 前视 $b$ | | | |
| | | | | | | |
| | | | | | | |
| | | | | | | |
| | | | | | | |
| | | | | | | |
| | | | | | | |
| | | | | | | |
| | | | | | | |
| | | | | | | |
| | | | | | | |
| | | | | | | |
| | | | | | | |
| | | | | | | |
| | | | | | | |
| | | | | | | |
| | | | | | | |
| | | | | | | |
| | | | | | | |
| | | | | | | |

计算者：　　　　　　　　　　复核者：　　　　　　　　　　日期：

表 12.20　中桩高程及横断面测量原始数据记录表

| 左断面 | 高程 | 右断面 |
|--------|------|--------|
|        | 桩号 |        |
|        |      |        |
|        |      |        |
|        |      |        |
|        |      |        |
|        |      |        |
|        |      |        |
|        |      |        |
|        |      |        |
|        |      |        |
|        |      |        |
|        |      |        |
|        |      |        |
|        |      |        |
|        |      |        |
|        |      |        |
|        |      |        |
|        |      |        |
|        |      |        |
|        |      |        |
|        |      |        |

## 12.9 个人实训报告撰写内容

①实习的目的。

②实习内容。

③实习的组织准备及仪器工具。

④实习的技术要求。

⑤实习的过程。

⑥实习的数据处理。

⑦实习的心得体会。

## 12.10 实训纪律和注意事项

①爱护仪器工具,不得违章操作使用仪器。不准玩耍测量工具,各个小组领用的测量仪器设备要指派专人保管,责任到人,遗失、损坏仪器工具照价赔偿,情节严重者,报学校处理。

②实训期间,注意人身安全和仪器设备安全,不能占道测量,不许穿拖鞋、高跟鞋从事外业测量工作。

③听从指导教师指导,服从组长的工作分配安排,各司其职,各负其责。工作中出现的问题要及时解决,组内、组外加强沟通。出现矛盾时,要协商解决或找教师协调解决,不得吵闹、打架。

④遵守实习时间,保证实训进度。因病请假须持有医院证明,请假必须经指导教师同意,不准请事假,组长负责考勤工作,并作好记录向教师报告。禁止利用实训时间外出游玩,无故半天以上不参加实习者按不及格处理。

⑤实习中的所有测量资料要妥善保管,完整上交。原始测量记录要求字迹工整,不得涂改,不得伪造成果。违者按照实习不及格处理。

## 12.11 实训考核与评分

①出勤率——按时出工和收工,不得无故缺席,或迟到、早退。

②测量认真,能思考问题,主动肯干,不懒散。

③请假超过 3 天者(包括事假、病假)实习无成绩。

④评分依据——考勤(20%),成果(20%),考核(60%)。

## 12.12 考核

考核内容如下:

①四等水准—测段观测、记录、计算。

②一级导线—测站观测、记录、计算。

③全站仪施工放样建站、放已知坐标点 3 个。

④圆曲线测设计算。

（注意：考核以个人为单位，上述考核内容通过抽签决定（4 个内容考核 1 个）。）

# 附 录 工程测量常规计算公式

## 一、方位角的计算公式

### 1.字母所代表的意义

$x_1$:QD 的 $X$ 坐标

$y_1$:QD 的 $Y$ 坐标

$x_2$:ZD 的 $X$ 坐标

$y_2$:ZD 的 $Y$ 坐标

$S$:QD ~ ZD 的距离

$\alpha$:QD ~ ZD 的方位角

### 2.计算公式

$$S = \sqrt{\left(x_2 - x_1\right)^2 + \left(y_2 - y_1\right)^2}$$

（1）当$y_2 > y_1, x_2 > x_1$ 时,$\alpha = \arctan \dfrac{y_2 - y_1}{x_2 - x_1}$。

（2）当$y_2 < y_1, x_2 > x_1$ 时,$\alpha = 360° + \arctan \dfrac{y_2 - y_1}{x_2 - x_1}$。

（3）当$x_2 < x_1$ 时,$\alpha = 180° + \arctan \dfrac{y_2 - y_1}{x_2 - x_1}$。

## 二、平曲线转角点偏角计算公式

### 1.字母所代表的意义

$\alpha_1$:QD ~ JD 的方位角

$\alpha_2$:JD ~ ZD 的方位角

$\beta$:JD 处的偏角

### 2.计算公式

$\beta = \alpha_2 - \alpha_1$（负值为左偏、正值为右偏）

117

### 三、平曲线直缓、缓直点的坐标计算公式

#### 1.字母所代表的意义

$U$:JD 的 $X$ 坐标

$V$:JD 的 $Y$ 坐标

$A$:方位角(ZH ~ JD)

$T$:曲线的切线长,$T = \left( R + \dfrac{L_s^2}{24R} \right) \tan \dfrac{D}{2} + \dfrac{L_s}{2} - \dfrac{L_s^3}{240R^2}$

$D$:JD 偏角,左偏为 $-$、右偏为 $+$

#### 2.计算公式

直缓(直圆)点的国家坐标:$X' = U + T \cos(A + 180°)$

$\qquad\qquad\qquad\qquad\quad Y' = V + T \sin(A + 180°)$

缓直(圆直)点的国家坐标:$X'' = U + T \cos(A + D)$

$\qquad\qquad\qquad\qquad\quad Y'' = V + T \sin(A + D)$

### 四、平曲线上任意点的坐标计算公式

#### 1.字母所代表的意义

$P$:所求点的桩号

$B$:所求边桩 ~ 中桩距离,左($-$)、右($+$)

$M$:左偏 $- 1$,右偏 $+ 1$

$C$:JD 桩号

$D$:JD 偏角

$L_s$:缓和曲线长

$A$:方位角(ZH ~ JD)

$U$:JD 的 $X$ 坐标

$V$:JD 的 $Y$ 坐标

$T$:曲线的切线长,$T = \left( R + \dfrac{L_s^2}{24R} \right) \tan \dfrac{D}{2} + \dfrac{L_s}{2} - \dfrac{L_s^3}{240R^2}$

$I = C - T$:直缓桩号

$J = I + L$:缓圆桩号

$H = J + \dfrac{\pi DR}{180} - L_s$:圆缓桩号

$K = H + L$:缓直桩号

## 2.计算公式

1）当 $P < I$ 时

中桩坐标：$X_m = U + (C - P)\cos(A + 180°)$

$\qquad Y_m = V + (C - P)\sin(A + 180°)$

边桩坐标：$X_b = X_m + B\cos(A + 90°)$

$\qquad Y_b = Y_m + B\sin(A + 90°)$

2）当 $I < P < J$ 时

$$O = A + M\frac{30°(P - I)^2}{\pi R L_s}$$

$$G = (P - I) - \frac{(P - I)^3}{90R^2}$$

中桩坐标：$X_m = U + T\cos(A + 180°) + G\cos O$

$\qquad Y_m = V + T\sin(A + 180°) + G\sin O$

$$W = \frac{90°(P - I)^2}{\pi R L_s}$$

边桩坐标：$X_b = X_m + B\cos(A + MW + 90°)$

$\qquad Y_b = Y_m + B\sin(A + MW + 90°)$

3）当 $J < P < H$ 时

$$O = A + M\left(\frac{90°L_s}{\pi R} + \frac{90°(P - J)}{\pi R}\right) = A + \frac{M90°(L_s + P - J)}{\pi R}$$

$$G = 2R\sin\frac{90°(P - J)}{\pi R}$$

中桩坐标：$X_m = U + T\cos(A + 180°) + \left(L_s - \dfrac{L_s^3}{90R^2}\right)\cos\left(A + M\dfrac{30°L_s}{\pi R}\right) + G\cos O$

$\qquad Y_m = V + T\sin(A + 180°) + \left(L_s - \dfrac{L_s^3}{90R^2}\right)\sin\left(A + M\dfrac{30°L_s}{\pi R}\right) + G\sin O$

$$W = \frac{90°(P - J)}{\pi R}$$

边桩坐标：$X_b = X_m + B\cos(O + MW + 90°)$

$\qquad Y_b = Y_m + B\sin(O + MW + 90°)$

4）当 $H < P < K$ 时

$$O = A + MD + 180° - M\frac{30°(P - K)^2}{\pi R L_s}$$

$$G = K - P - \frac{(K - P)^3}{90R^2}$$

中桩坐标:$X_{m} = U + T\cos(A + MD) + G\cos O$

$Y_{m} = V + T\sin(A + MD) + G\sin O$

$$W = \frac{90°(P - K)^{2}}{\pi RL_{s}}$$

边桩坐标:$X_{b} = X_{m} + B\cos(A + MD - MW + 90°)$

$Y_{b} = Y_{m} + B\sin(A + MD - MW + 90°)$

5)当 $P > K$ 时

中桩坐标:$X_{m} = U + (T + P - K)\cos(A + MD)$

$Y_{m} = V + (T + P - K)\sin(A + MD)$

边桩坐标:$X_{b} = X_{m} + B\cos(A + MD + 90°)$

$Y_{b} = Y_{m} + B\sin(A + MD + 90°)$

注:计算公式中距离、长度、桩号单位:"m";角度测量单位:"°";若要以"弧度"为角度测量单位,请将公式中带"°"的数字换算为弧度。

## 五、竖曲线上点的高程计算公式

### 1.字母所代表的意义

$R$:曲线半径

$i_{1}$:ZY ~ JD 方向的坡度

$i_{2}$:JD ~ YZ 方向的坡度

$T$:曲线的切线长

$E$:外失距

$x$:竖曲线上的点到直圆或圆直的距离

$y$:竖曲线上点的高程修正值

### 2.计算公式

$$T = \frac{R}{2}|i_{1} - i_{2}|$$

$$E = \frac{T^{2}}{2R}$$

$$y = \frac{x^{2}}{2R}$$

## 六、超高计算公式

### 1.字母所代表的意义

$i_{0}$:路拱坡度

$i_b$:超高坡度

$L_s$:缓和曲线长

$b_1$:所求点 ~ 路中线距离

$x_0$:从直缓开始,到路左右坡度一致的距离,即图中 $C$—$C$

$x$:所求点 ~ 直缓或缓直的距离

$h_b$:超高值

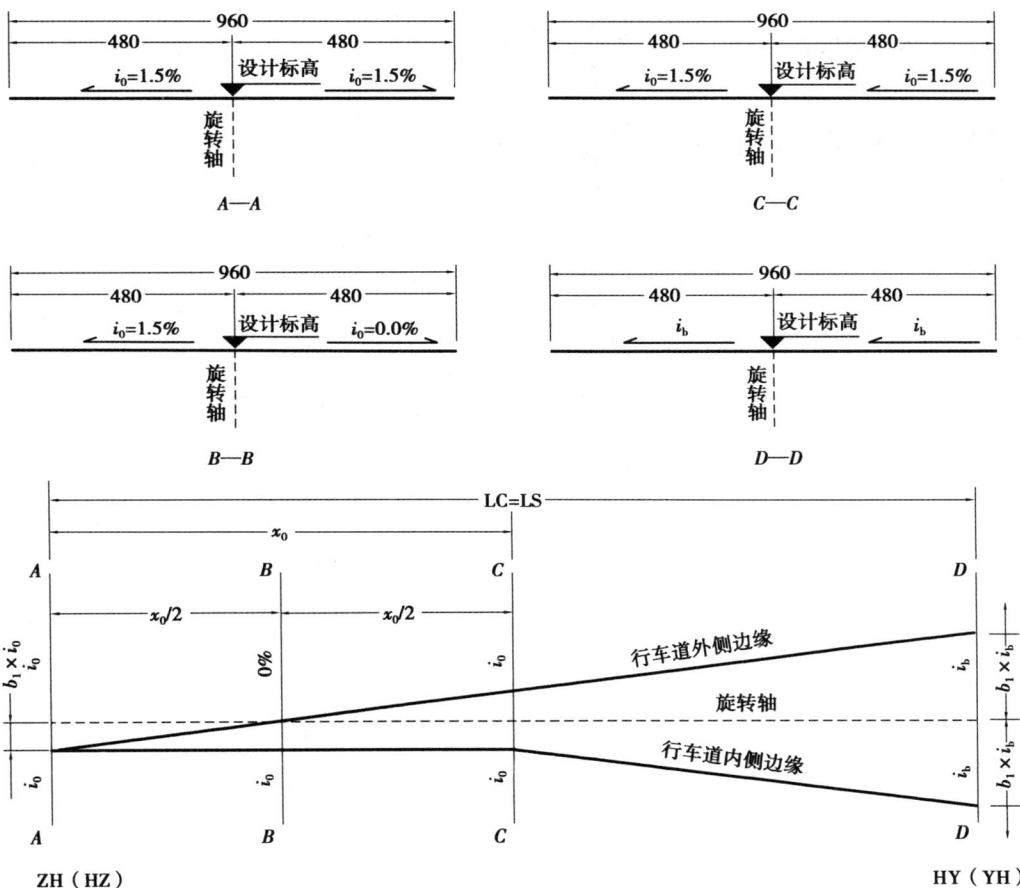

## 2.计算公式(公式 1)(绕中线旋转)

$$x_0 = \frac{2i_0 L_s}{(i_0 + i_b)}$$

1)当 $x \leqslant x_0$ 时

行车道外侧边缘:$h_b = \dfrac{b_1(i_0 + i_b)x}{L_s} - b_1 i_0$

行车道内侧边缘:$h_b = -(b_1 + b_x)i_0$

2) 当 $x \geqslant x_0$ 时

行车道外侧边缘：$h_b = \dfrac{b_1(i_0 + i_b)x}{L_s} - b_1 i_0$

行车道内侧边缘：$h_b = \dfrac{-(b_1 + b_x)x}{L_s} i_b$

## 3.计算公式(公式 2)

行车道外侧边缘：$h_b = \left( -i_0 + \dfrac{(i_b + i_0)x}{L_s} \right) b_1$

行车道内侧边缘：$h_b = \left( -i_0 - \dfrac{(i_b - i_0)x}{L_s} \right) b_1$

# 参考文献

［1］李仕东,李士涛,周秀民.工程测量［M］.3 版.北京:人民交通出版社,2009.

［2］吴北平,陈刚,潘雄.测绘工程实习指导书［M］.武汉:中国地质大学出版社,2010.

［3］中华人民共和国国家标准.工程测量规范(GB 50026—2007)［M］.北京:中国计划出版社,2008.

［4］杨建光.道路工程测量实训指导书［M］.北京:测绘出版社,2010.